体育运动

保龄球
BAOLINGQIU

台球
TAIQIU

主编　王宇峰　张少伟
　　　王晓磊　田云平

走进**大自然**
走到阳光下
养成**体育锻炼**
好习惯

吉林出版集团股份有限公司　全国百佳图书出版单位

图书在版编目（CIP）数据

保龄球 台球 / 王宇峰，张少伟等主编.—长春：吉林出版集团股份有限公司，2011.5（2024.1重印）

ISBN 978-7-5463-5260-2

Ⅰ.①保… Ⅱ.①王… ②张… Ⅲ.①保龄球运动—青年读物②台球—青年读物③保龄球运动—少年读物④台球—少年读物 Ⅳ.①G849.4-49②G893-49

中国版本图书馆CIP数据核字（2011）第081736号

保龄球 台球

主编 王宇峰 张少伟 王晓磊 田云平
责任编辑 息望 沈航
出版发行 吉林出版集团股份有限公司
印刷 三河市同力彩印有限公司
版次 2011年7月第1版 2024年1月第8次印刷
开本 787mm×1092mm 1/16 印张 10 字数 100千
地址 吉林省长春市福祉大路5788号 邮编 130000
电话 0431-81629968
电子邮箱 11915286@qq.com
书号 ISBN 978-7-5463-5260-2
定价 45.80元

版权所有 翻印必究
如有印装质量问题，请寄本社退换

《体育运动》编委会

主　　任　宛祝平

编　　委　支二林　方志军　王宇峰　王晓磊　冯晓杰
　　　　　　田云平　兴树森　刘云发　刘延军　孙建华
　　　　　　曲跃年　吴海宽　张　强　张少伟　张铁民
　　　　　　李　刚　李伟亮　李志坚　杨雨龙　杨柏林
　　　　　　苏晓明　邹　宁　陈　刚　岳　言　郑风家
　　　　　　宫本庄　赵权忠　赵利明　赵锦锦　潘永兴

目录 CONTENTS

保龄球

第一章 运动保护
第一节 生理卫生..................2
第二节 运动前准备..................3
第三节 运动后放松..................8
第四节 恢复养护..................10

第二章 保龄球概述
第一节 起源与发展..................12
第二节 特点与价值..................13

第三章 保龄球场地、器材和装备
第一节 场地..................18
第二节 器材..................22
第三节 装备..................25

第四章 保龄球基本技术
第一节 握法..................28
第二节 投球前站位..................32
第三节 原地滑步投球..................34
第四节 助跑滑步投球..................38
第五节 投线球和投旋转球..................52

目录 CONTENTS

第五章 保龄球基础战术
第一节 全中战术.....................62
第二节 补中战术.....................68

第六章 保龄球比赛规则
第一节 程序.........................76
第二节 裁判.........................77

台球

第七章 台球概述
第一节 起源与发展...................88
第二节 特点与价值...................89

第八章 台球场地、器材和装备
第一节 场地.........................94
第二节 器材.........................96
第三节 装备.........................99

第九章 台球基本技术
第一节 基本姿势....................102
第二节 基本击球方法................109
第三节 对主球的控制................112
第四节 基本击球技法................117

目录 CONTENTS

第十章 台球基础战术
第一节 开球..........................126
第二节 不给对方得分机会..............128
第三节 制造障碍球....................131
第四节 解救障碍球....................136
第五节 防止犯规和违例................140

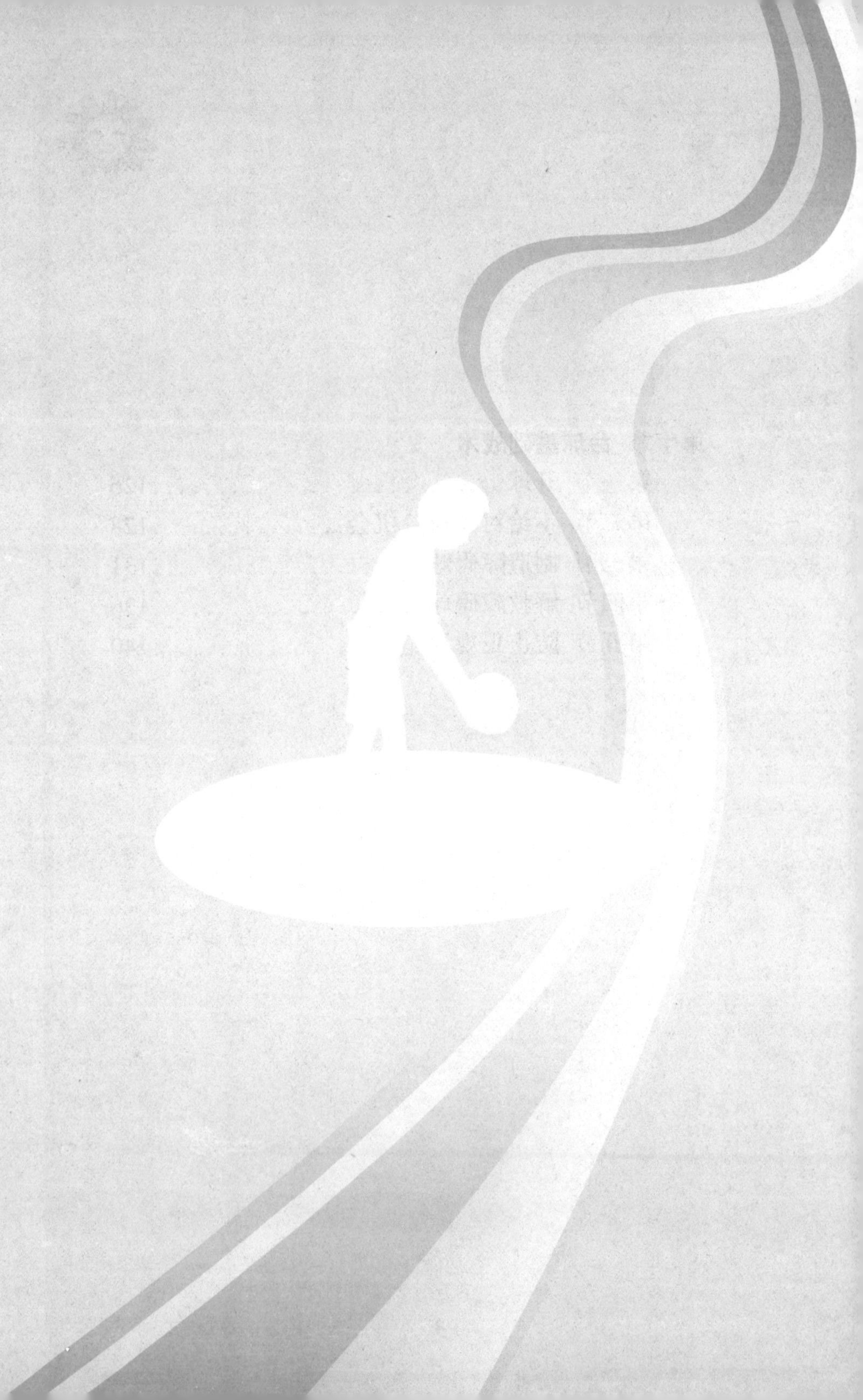

保龄球

第一章 运动保护

"生命在于运动",但是盲目、不科学的运动非但不能起到强身健体的作用,反而会给身体带来一定的伤害。只有掌握体育锻炼的一般性生理卫生知识,科学地进行体育锻炼,才能起到健身强体的作用。

第一节 生理卫生

青少年在进行体育运动时，除了应进行一般性的身体检查和必要的咨询外，还要注意培养运动兴趣和把握适当的运动强度。

一、培养运动兴趣

在进行体育运动前，必须培养自己对体育运动的兴趣。培养兴趣的方法有很多，如观看体育比赛，与同学、朋友进行体育比赛等。有了浓厚的兴趣，就能自觉地投入体育运动之中，从而达到理想的体育锻炼效果。

二、把握运动强度

因为青少年进行体育运动，主要是在享受体育运动的过程中增强体质，提高健康水平，而不仅是为了创造运动成绩，所以运动强度不宜过大。控制运动强度最简单的办法是测定运动时的脉搏。对青少年来说，运动时的脉搏控制在每分钟140次左右较为合适。

第二节 运动前准备

运动前进行充分的准备活动，对于青少年来说是非常重要的。一些青少年体育运动爱好者，常常不重视运动前的准备活动，导致各种运动损伤，影响运动效果，也容易失去对体育运动的兴趣，甚至对体育运动产生畏惧心理。因此，青少年在进行体育运动前，必须做好充分的准备活动。

一、准备活动的作用

运动前做好充分的准备活动能够对肌肉、内脏器官起到很大的保护作用，同时还可以提前调节运动时的心理状态。

(一)提高肌肉温度，预防运动损伤

运动前进行一定强度的准备活动，不仅可以使肌肉的代谢过程加强，温度增高，黏滞性下降，提高肌肉的收缩和舒张速度，增强肌力，同时还可以增加肌肉、韧带的弹性和伸展性，减少由于肌肉剧烈收缩而造成的运动损伤。

(二)提高内脏器官的功能水平

内脏器官的功能特点之一就是生理惰性较大，即当活动开始、肌肉发挥最大功能水平时，内脏器官并不能立刻进入

最佳活动状态。

(三)调节心理状态

青少年进行体育锻炼不仅是身体活动，同时也是心理活动。研究证明，心理活动在体育锻炼中起着非常重要的作用。体育锻炼前的准备活动，可以起到心理调节的作用，即接通各运动中枢间的神经联系，使大脑皮层处于最佳兴奋状态。

二、如何进行准备活动

一般来说，准备活动主要应考虑内容、时间和运动量等问题。

(一)内容

准备活动可分为一般准备活动和专项准备活动。一般准备活动主要是一些全身性的身体练习，如跑步、踢腿、弯腰等。一般准备活动的作用在于提高整体的代谢水平和大脑皮层的兴奋状态，减少运动损伤的发生。专项准备活动是指与所从事的体育锻炼内容相适应的动作练习。

下面介绍一套一般准备活动操，供青少年运动前使用。这套活动操主要包括头部运动、肩部运动、扩胸运动、体侧运动、体转运动、髋部运动和踢腿运动等。

1. 头部运动

头部运动的动作方法(见图1-2-1)是：

两手叉腰，两脚左右开立，做头部向前、向后、向左、向右，以及绕环运动。

2. 肩部运动

肩部运动的动作方法(见图1-2-2)是：

手扶肩部，屈臂向前、向后绕环，以及直臂绕环。

3. 扩胸运动

扩胸运动的动作方法(见图1-2-3)是：

屈臂向后振动及直臂向后振动。

4. 体侧运动

体侧运动的动作方法(见图1-2-4)是：

两脚左右开立，一手叉腰，另一臂上举，并随上体向对侧振动。

5. 体转运动

体转运动的动作方法(见图1-2-5)是：

两脚左右开立，两臂体前屈，身体向左、向右有节奏地扭转。

6. 髋部运动

髋部运动的动作方法(见图1-2-6)是：

两脚左右开立，两手叉腰，髋关节放松，向左、向右各做360°旋转。

7. 踢腿运动

踢腿运动的动作方法(见图1-2-7)是：

两臂上举后振，同时一腿向后半步，然后两臂下摆后振，同时向前上方踢腿。

保龄球台球

图 1-2-1

图 1-2-2

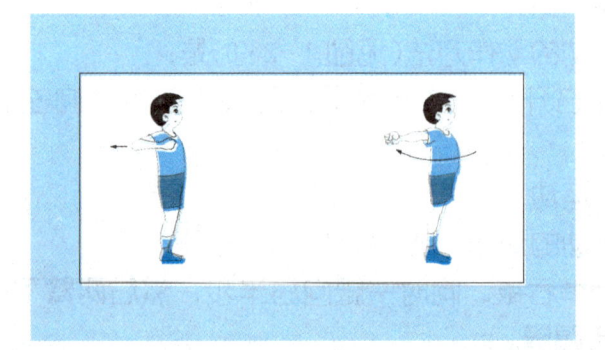

图 1-2-3

YUNDONG BAOHU 运动保护

图 1-2-4

图 1-2-5

图 1-2-6

007

图 1-2-7

(二)时间和运动量

准备活动的时间和运动量随体育锻炼的内容和量而定,由于以健身为目的的体育运动量较小,因为准备活动的量也相对较小,时间也不宜过长,否则,还未进行体育锻炼身体就疲劳了。半小时的体育锻炼,准备活动时间一般以 10 分钟左右为宜。

第三节 运动后放松

进行剧烈的体育运动后,有些青少年习惯坐在地上,或是直接躺下来休息,认为这样可以快速消除疲劳。其实不然,这样做的结果不仅不能尽快地恢复身体功能,反而会对身体产生不良影响,正确的做法应该是运动后做一些整理活动,放松身体。

一、运动后整理活动的必要性

运动后的整理活动不但可以避免头晕等症状,还可以有效地消除疲劳。

(一)避免头晕

人体在停止运动后,如果停下来不动,或是坐下来休息,静脉血管失去了骨骼肌的节律性收缩,血液会由于受重力作用滞留在下肢静脉血管中,导致回心血量减少,心血输出量下降,造成暂时性脑缺血,出现头晕、眼前发黑等一系列症状,严重者甚至会出现休克。为了避免这些症状的发生,整理活动是非常必要的。

(二)消除疲劳

除了避免头晕等症状的发生,运动后的整理活动还可以改善血液循环状态,达到快速消除疲劳的目的。

二、放松方法

在运动后放松时,应注意以下几个问题:
(1)做一些放松跑、放松走等形式的下肢运动,促进下肢静脉血的回流,防止体育锻炼后心血输出量的过度下降;
(2)在下肢活动后进行上肢整理活动,右臂活动后做左臂的整

理活动，通过这种积极性休息，使身体功能得到尽快恢复；

（3）整理活动的量不要过大，否则整理活动又会引起新的疲劳；

（4）在进行整理活动时，应当保持心情舒畅、精神愉快。

第四节 恢复养护

人体在运动后，除采用休息和积极性体育手段加速身体功能的恢复外，还可以根据体育运动的特点，补充不同的营养物质，以尽快消除疲劳。

体育运动结束后，人体内会产生一种叫作乳酸的酸性物质，它的积累会造成肌体的疲劳，使恢复时间延长。所以，我们在体育运动后，应多补充一些碱性食物，如蔬菜、水果等，而动物性蛋白等肉类食品偏"酸"，在运动后的当天可适当减少摄入量。

第二章 保龄球概述

保龄球运动有着悠久的历史，是一项集娱乐性、健身性为一体的运动项目。它以其自身的独特魅力，吸引着越来越多的人参与其中。保龄球运动能使人们活跃身心、健身强体，还能充实人们的业余文化生活，营造社会的文明氛围。

第一节 起源与发展

因为保龄球运动是一种在木板道上用滚球撞击前方球瓶柱的室内运动,所以过去又被称为"地滚球"。

一、起源

英国伦敦大学名誉教授佛林达斯·佩德里爵士在发掘埃及古墓遗址时,发现了很像保龄球的石瓶和石球。据此判断,在距今7200多年前就有了类似保龄球的活动。

保龄球运动最初起源于宗教活动而不是运动。后来,德国将其作为一种娱乐方式,并渐渐流传到法国、英国和荷兰等国。

13世纪,英国流行的草坪滚球就是保龄球的一种形式。那时使用的是九瓶制,球瓶按菱形排列。由于当时赌博成风,因此保龄球也被人们作为一种赌博工具而失去了运动意义。

18世纪,美国人在九瓶的基础上增加了一瓶,形成了十瓶制,球瓶按三角形排列。至此,保龄球被列为一项体育运动项目,受到了广大爱好者的欢迎,成为一项高雅的室内体育运动。

二、发展

1895年,美国成立了世界上第一个保龄球协会。1916年,美国女子保龄球协会(WABC)和青少年保龄球协会(YABC)成立。随着这些组织的建立,保龄球运动得到了初步发展。

1952年,国际保龄球联合会成立,总部设在芬兰。国际保龄球联合会统一了保龄球运动的场地及规则,并在世界范围内推广保龄球运动,举办各种国际比赛。

　　国际保龄球联合会将比赛区域分为美洲、欧洲、亚洲三大区,每年在不同的国家和地区举办一次世界杯赛,每2年举办一次区域大赛,每4年举办一次世界大赛。此外,国际保龄球联合会还举办了世界女子锦标赛和青少年锦标赛。

　　第一次正式的国际比赛于1954年在联合会总部芬兰举行。1963年7月,第1届世界锦标赛举行;1964年11月,第1届世界杯赛举行;1968年,首届亚洲锦标赛举行。

　　在1988年的汉城奥运会上,保龄球被作为表演项目。在1992年第25届巴塞罗那奥运会上,保龄球被列为正式比赛项目。

　　中国的保龄球运动在改革开放后也逐渐发展起来。1985年3月,国家体委在北京民族文化宫举办了首届全国保龄球邀请赛。1987年,保龄球被列为"六运会"表演项目。

第二节　特点与价值

　　保龄球具有娱乐性、趣味性、抗争性和技巧性,可以锻炼人的身体和意志。由于它是室内活动,不受时间、气候等外界条件的影响,也不受年龄的限制,因此易学易打,在世界各地得到了飞速发展。

一、特点

保龄球项目通过历史的发展与演变，无论在规则或者是打法上，都有了长足的进步，总体概括来说有如下特点：

(一)群众性、普及性

保龄球是非常轻松的室内运动项目，不受时间、气候、天气等外界条件的影响，适合不同地区的广大青少年参加。

因为保龄球运动负荷不大，所以练习者可以根据自己的年龄、性别、身体条件、运动水平等实际情况进行活动。保龄球运动的比赛规则简单，较其他运动更易入门，而且活动起来也不易受伤，简便安全，易于开展。

(二)娱乐性

保龄球运动具有很强的娱乐性，即使是一个人单独玩也能自得其乐。因此，保龄球场已成为假日休闲娱乐活动的最佳场所之一。

(三)竞赛性、观赏性

保龄球运动具有自身的规则和评判标准，无论是专业运动员之间进行的高水平比赛还是大众健身娱乐，都有很强的竞赛性和观赏性。它通过打分的高低，使得比赛异常激烈和刺激，深受广大参与者的喜爱。

(四)高度的控制感觉

保龄球运动要求具有高度的控制感觉,即在不平衡中寻找平衡的感觉,在变化中掌握不变化的节奏,在稳定的同时变化线路,在实现自我的同时不断转换攻防的心态。

(五)需要良好的心理素质

保龄球是一项融技巧与智慧于一体的运动。它要求球员在神经系统高度紧张的情况下,身体功能又要相对活跃、灵活,这就需要良好的心理素质。在技术实力相当的情况下,比赛胜负在很大程度上取决于球员情绪和心理的稳定程度。

二、价值

青少年经常参加保龄球运动,有利于身体健康,陶冶情操,在享受比赛的过程中,不断地锻炼自己的各项综合素质。

从社会学角度来说,保龄球运动是一项具有广泛群众基础的体育项目,保龄球竞赛和保龄球活动对提高参与者的素质、活跃社会文化生活、促进世界各国的文化交流,都有一定的意义。

第三章 保龄球场地、器材和装备

保龄球运动对于场地、器材的要求非常高,本章重点阐述这项运动的场地规格与要求,以及所需的器材和必要的装备。对于从事保龄球运动的人来说,了解和掌握好本章内容是十分必要的。

第一节 场地

保龄球场地是开展保龄球活动的必备条件，也是初学者需要了解的内容。本节主要介绍保龄球场地的规格、设施及要求。

一、规格

（1）球道长 19.15 米，宽 1.04～1.07 米；

（2）在离犯规线约 4.57 米范围内，有 7 个目标箭头；

（3）竖瓶区（瓶舌）从①号球瓶中心线到底部为 0.86 米，10 个瓶位间隔距离各为 0.3048 米，呈正三角形排列（见图 3-1-1）。

二、设施

（一）球道

球道一般由 39 块或 41 块木板拼接而成，运动员在投出球后，按照规则规定，球都要经过球道到达最终打击目标，也就是到达瓶台区。

图 3-1-1

(二)助跑道

球道与记分装置之间有段辅助球道,又称助跑区,作为球员持球及助跑掷球的区域。

球道和辅助球道之间有条掷球线,又称犯规线。球员在经过 4 步或 3 步、5 步助跑后,在未到犯规线之前应将球掷入球道,否则视作犯规。

(三)瓶台

保龄球的瓶台用来置放最终的打击目标——球瓶,瓶台上方配备有全自动置瓶机器装备(见图 3-1-2)。

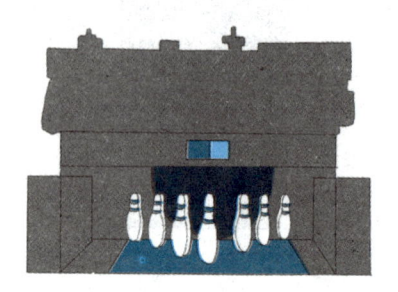

图 3-1-2

三、要求

(1)现代化的保龄球场都要装备记分操纵台,用来控制球的传送机、计算机计分及显示和自动选瓶装置,一个操纵台同时控制两

条球道；

（2）保龄球场地中其他附加设备包括助跑道后面的座位、球架（见图 3-1-3）以及座位上方的显示装置（见图 3-1-4），另外还有清洁打磨机和上油机等；

（3）发球区和竖瓶区用加拿大枫木板拼接而成，其余用松木条拼成。

图 3-1-3

图 3-1-4

第二节 器材

保龄球运动是一项室内运动,对于从事这个项目的人来说,良好的运动环境、优良的器材条件是打好保龄球的前提。本节主要介绍一下保龄球这项运动所需要的器材。

一、球瓶

(一)规格

(1)高度38.85厘米;
(2)底部直径约6厘米;
(3)腹部最大直径约为12.1厘米;
(4)球瓶的平衡重心点不得高过12.38厘米,不得低于18.52厘米;
(5)球瓶重量不得少于1.72千克,不得超过1.98千克;
(6)球瓶底部配上强化塑胶圈(见图3-2-1)。

(二)材质

球瓶一般选用上等枫木为主要材料,经钻孔、黏合、打磨定型和喷涂等特殊工艺加工制成。

(三)要求

(1)每条球道一般都有两组球瓶,每组各 10 个;

(2)正式比赛用球瓶上一般都画上商标及 FIQ(国际保龄球联合会)所认可的图案。

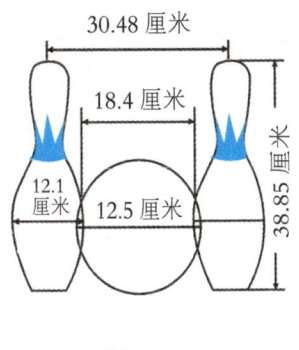

图 3-2-1

二、保龄球

(一)规格

(1)标准保龄球的直径为 21.8 厘米,圆周不大于 68.5 厘米;

(2)球的重量从 2.72 千克到 7.26 千克不等,共计有 11 种规格(见图 3-2-2)。

(二)构造

(1)保龄球一般由球核、重量堡垒和外壳3部分组成；

(2)球核是确保标准重量的塑胶填充物；

(3)重量堡垒是重质塑胶粒子合成体,形状多样,如方块状、饼状、杯状等,其主要作用是保证球钻孔后有一个重量补偿,并产生不平衡重量；

(4)外壳一般由氯丁纤维胶树脂构成。

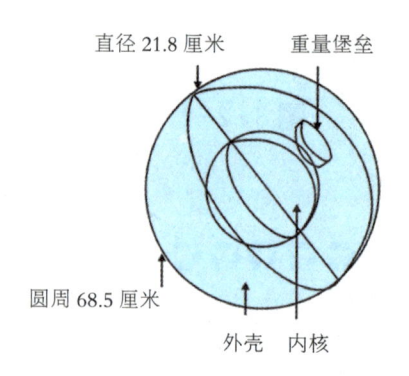

图 3-2-2

第三节 装备

保龄球是一项高雅的运动项目，不同于其他传统的竞技体育项目，在运动装备方面也比较独特。

一、服装

男球员一般可以穿 T 恤和运动长裤，女球员可穿短袖衫、短裙或运动长裤。

二、鞋

（1）禁止使用软橡胶鞋底或带有橡胶后跟的鞋；
（2）鞋子的大小必须适宜，鞋带的绑扎不得过紧或过松（见图3-3-1）。

图 3-3-1

三、护具

(一)护腕

由于保龄球参与者在进行此项运动时,手腕动作相当关键,因此出于保护目的,应该佩戴护腕。

(二)贴胶

由于运动员运动量的不同,加之手指粗细不同,因此可以准备一些贴胶,以适合不同指孔。

第四章 保龄球基本技术

保龄球运动中有句俗语,"开头好,结束也好",意思是练好击瓶前的各种基本技术,就为滚击球瓶打好了扎实的基础。保龄球运动的基本技术包括握法、投球前站位、原地滑步投球、助跑滑步投球和投线球与投旋转球等。

第一节 握法

保龄球握法亦称持球手法，方法是用大拇指、无名指和中指来抓握球，包括传统式持球法、半握式持球法和全握式持球法等。

一、传统式持球法

传统式持球法常在初学者学习时使用，特点是容易控制球，投球时不易漏掉。

（一）动作方法（见图4-1-1）

（1）大拇指完全伸入指孔，中指、无名指伸入指孔到第二指节；
（2）由于3个手指放得深，把球的重量平均分配在3个手指上，因此对于初学者或手力弱的女性也很合适。

（二）注意事项

（1）这种持球方法很难投出回转球的效果；
（2）在手掌和球之间必须留有一定空间，一般以能够插入一支铅笔为宜，这样可以充分发挥手臂的杠杆作用。

中指与无名指
伸入至第 2 指节

球与手掌之间
有能放一支铅
笔的空间

图 4-1-2

二、半握式持球法

半握式持球法常在投回转球及曲线球时使用，特点是投出的球具有一定的旋转性。

（一）动作方法（见图 4-1-2）

中指和无名指伸入指孔到第一指节和第二指节之间，拇指可以完全伸入指孔中。

（二）注意事项

控制要得当，这对于初学者而言是有一定困难的，选用这种持球方法要特别注意是否容易放球或打出回转球的效果。

指距稍长

中指与无名指伸入至第1到第2指节之间

图 4-1-2

三、全握式持球法

全握式持球法常在经过一段时间的训练后具有一定经验时使用，特点是速度快，击瓶力量大，起伏、回转都比较好。

（一）动作方法（见图4-1-3）

拇指可以完全伸入指孔中，中指和无名指只有一指节伸入指孔中，所以这是一种"浅入"的持球方法。

（二）注意事项

（1）球比较难控制，而且手指头的负担也很重；
（2）选择这种持球方法，应先试一试手的大小是否与指距合适，以便能打。

图 4-1-3

第二节 投球前站位

投球前的站位就是投保龄球助跑的起点。站位的前后根据自己的脚步大小、身高以及助跑的方法来确定。

一、四步助跑法站位

练习者背对球道瓶台方向,站在助跑道上距犯规线5厘米处,采用四步助跑法,可顺着助跑道向底线方向用普通步法直线行走4个自然步,再加半步,转身180°,面向球道,这时练习者所处的位置就是四步助跑法起点的站位(见图4-2-1)。

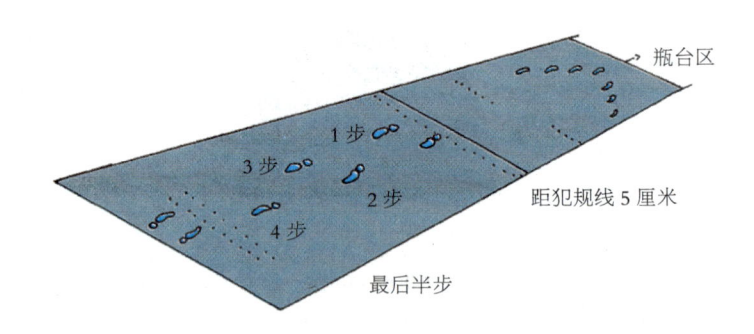

图4-2-1

二、三步助跑法站位

练习者背对球道瓶台方向，站在助跑道上距犯规线 5 厘米处。采用三步助跑法，可顺着助跑道向底线方向用普通步法直线行走 3 个自然步，再加半步，转身 180°，面向球道，这时练习者所处的位置就是三步助跑法起点的站位（见图 4-2-2）。

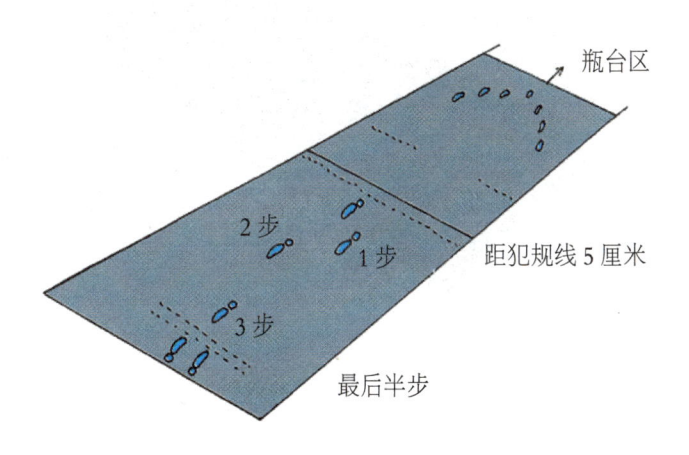

图 4-2-2

三、五步助跑法站位

练习者背对球道瓶台方向,站在助跑道上距犯规线 5 厘米处。采用五步助跑法,可顺着助跑道向底线方向用普通步法直线行走 5 个自然步,再加半步,转身 180°,面向球道,这时练习者所处的位置就是五步助跑法起点的站位(见图 4-2-3)。

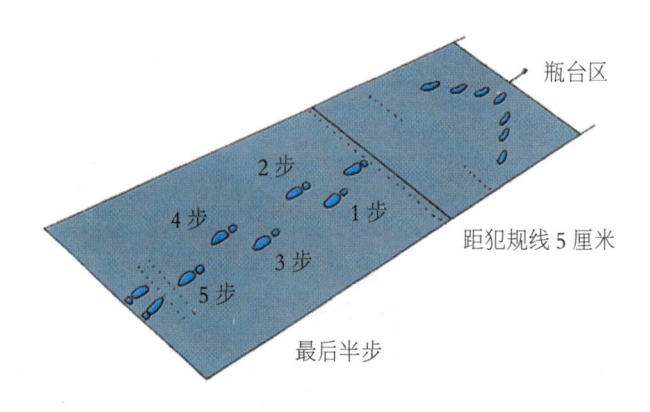

图 4-2-3

第三节 原地滑步投球

原地滑步投球技术是助跑滑步投球技术的基础。只有掌握了原地滑步投球技术，才能在比赛中的助跑投球中得心应手。原地投球动作由准备姿势、摆臂和滑步投球3个基本环节构成。

一、准备姿势

以右手持球为例，准备姿势的动作方法（见图4-3-1）是：

（1）先自然站立，右手持球，左手助握，前臂弯曲约90°，球与肩轴呈一直线，在腰部至下巴之间，并略偏近手臂；

（2）右手大拇指朝胸侧，左手手心向上，与地板平行，手腕不可向下弯曲，两手支撑球的重量以右手多于左手为宜；

（3）下巴收紧，下腋夹紧，背部略弯，正向前瞄准球瓶，两肩自然平行下沉，手臂夹紧腋下；

（4）两脚自然并拢，两腿略弯曲，脚尖直向目标，两脚平行或一前一后。

图4-3-1

二、摆臂

(一)动作方法(见图 4-3-2)

(1)利用球的重力与手的摆动,从身体的前下方下摆到身后,再向前回摆;

(2)整个过程以肩关节为轴,在体侧做钟摆式摆动。

(二)注意事项

(1)持球手自然推出,要利用球的重量自然下摆。

(2)垂直后摆时肩部不能有被下拉的感觉,后摆最大高度与肩平,再垂直回摆。

(3)在整个摆臂动作中手肘不可弯曲,由肩到手腕呈一直线,双腋收紧,手臂不要用力,要自然放松,回摆要像摩擦体侧直线那样挥出。

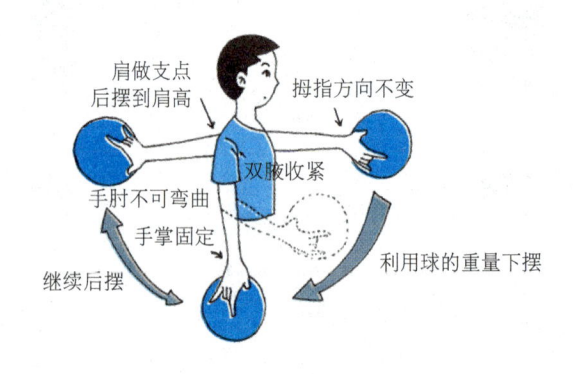

图 4-3-2

三、滑步投球

（一）动作方法（见图4-3-3）

（1）左脚顺着地面向前方滑出一步，由脚尖逐步过渡到全脚掌着地，左右两腿略弓，左脚脚尖、右膝与左臂在同一条直线上；

（2）躯干前倾，左腿支撑，右腿蹬地，以腰为轴带动右臂从身后加速向前下摆动，右臂伸直外展，保持身体平衡；

（3）当右臂摆动至与地面垂直、球离地面15～20厘米时，握球手开始放球；

（4）大拇指先脱出指孔，中指和无名指向上提后脱出指孔，随后做身体随起动作。

（二）注意事项

（1）挥臂时上体要前倾，左手打开，协助身体平衡；

（2）当持球手臂摆至投放位时，右手大拇指指向时钟10点钟的位置，中指和无名指指向时钟4、5点钟的位置。

图 4-3-3

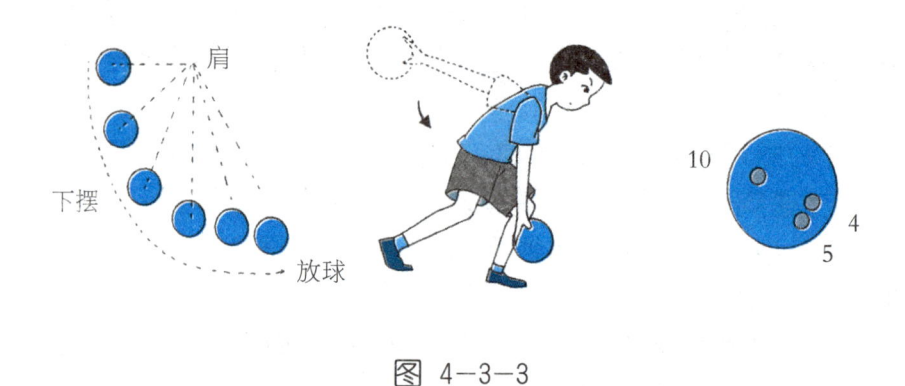

第四节 助跑滑步投球

在掌握了原地滑步投球技术之后，才能开始学习助跑滑步投球技术。助跑滑步投球是选手在进行保龄球运动时通常采用的投球动作,按助跑步数的不同,可分为三步助跑滑步投球技术、四步助跑滑步投球技术和五步助跑滑步投球技术3种形式。需要注意的是,学习助跑滑步投球技术一般先学四步助跑滑步投球技术,基本掌握之后再学五步助跑滑步投球技术和三步助跑滑步投球技术。

一、四步助跑滑步投球

四步助跑滑步投球技术常在初学者学习时使用,容易掌握。

(一)动作方法(见图4-4-1)

1. 准备姿势

(1)面向瓶台,两脚前后开立,左脚在前,右脚在后,两脚间距约半个脚掌;

(2)双膝自然略屈,重心落在左腿上,右手握球;

(3)左手助握,右前臂弯曲约呈直角。

2. 助跑准备

(1)助跑开始前,必须测量好助跑距离;

(2)为了保证助跑的直线性,准备姿势做好后持球站立,使球体的中心点与球道上某一目标箭头呈一直线;

(3)初学者最好用2号目标箭头,在助跑前及整个助跑投球动作过程中,眼睛要始终盯着2号目标箭头(见图4-4-2)。

图 4—4—1

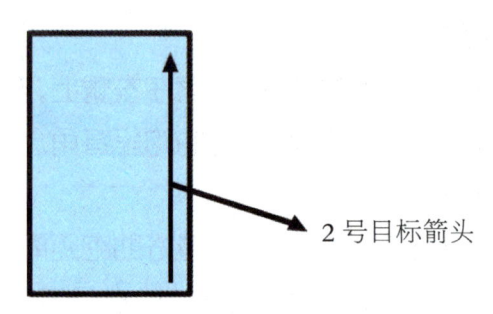

图 4—4—2

2号目标箭头

4-4-3)

（1）重心移至左脚,然后右脚向正前方迈出一小步,同时双手把球向前下方推出至手臂伸直；

（2）左手离球,左臂同时在体侧伸起,右手臂必须和1号目标箭头的延长线在同一直线上；

（3）迈出右脚和推出球的动作必须时间一致,右脚着地后重心随即移至右脚。

图 4-4-3

4.助跑第二步(见图4-4-4)

(1)第二步迈出左脚,步幅比第一步略大,同时右手握球垂直下摆,左手继续外展;

(2)当持球手臂下摆到与地面呈垂直位置时,身体重心移至左脚,平稳地完成第二步,同时右手臂必须和以2号目标箭头为基准的延长线在同一直线上。

图4-4-4

5.助跑第三步(见图4-4-5)

(1)第二步结束后开始迈出右脚,步幅大一点儿,速度比第二步要快;

（2）握球的右手臂在惯性的作用下，由下摆过渡到后摆，后摆尽量摆至最高点与右肩齐平，同时迈出右脚，左手继续外展；

（3）着地时身体前屈，保持平衡，右臂和以2号目标箭头为基准的延长线在同一直线上，身体重心移到右脚。

图 4-4-5

6.滑步回摆投球(见图4-4-6)

(1)手臂持球后摆至最高点后,利用球的重力作用向前下回摆至滑步投球,同时左脚前脚掌贴着地面向正前方迈出滑进,为了使左脚在前冲力的作用下能够向前滑行,脚跟先不要承受身体重量;

(2)左脚向前滑进一大步后,在犯规线前7厘米左右处,全脚掌着地,刹住滑行,稳住身体,左腿深屈,左手向外展平,配合身体保持平衡,同时躯干前屈,重心移至左脚,呈左弓步,左脚尖、膝关节和肩上下呈一条直线,此时持球手臂由向下回摆过渡到向前回摆;

(3)在右腿蹬地转腰整体动作的带动下,借助球体的重力逐渐加大向前回摆的速度,当持球手臂加速回摆至与地面垂直时,回摆速度达到最大值,此时球距离犯规线15～20厘米,手腕不做任何人为转动;

(4)大拇指在指向时钟10点钟的位置时先脱出指孔,中指和无名指在指向时钟4、5点钟之间的位置时,把球向2号目标箭头上送出,中指和无名指向上钩提后脱出指孔,右手随后顺势拉起,完成滑步投球动作。

图 4-4-6

7.注视路线

球出手后,不要急于直立身体,必须继续保持投球姿势,看清球是否通过 2 号目标箭头,看清球的运行路线和转折,看清球击中球瓶的角度和球瓶相互碰撞的情况。

(二)注意事项

(1)整个动作过程,要求做到持球、下推、前捏、后摆、回摆和投

放球到球的运行路线都在球体中心与2号目标箭头两点连接线所在的平面内；

（2）滑步投球是从迈出第四步的左脚和右脚相错的一刹那开始的，此时左膝应弯曲，身体重心要置于脚尖，随后过渡到脚跟着地，滑步停止；

（3）投球的时间在滑步停止的瞬间，此时握球的右手向前摆，在超出左膝盖约20厘米处将球朝2号目标箭头送去，投球过早会使球失落，造成球不到位，过晚则会脱不出手而使球超位；

（4）一般说来，球的落点离犯规线不能小于6厘米，以较远为好；

（5）如果使用通用球，只能投直线球，送球时大拇指应先脱离指孔（在时钟12点钟的位置），中指和无名指向上提升后再脱离指孔（在时钟6点钟的位置），投球结束后持球手顺势拉起（见图4-4-7）；

图4-4-7

（6）如果使用专用球，大拇指指向时钟10点钟的位置，中指和无名指指向时钟4、5点钟之间的位置，把球朝2号目标箭头送出，同上（见图4-4-8）。

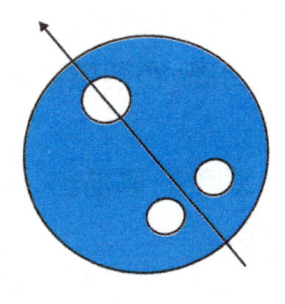

图 4-4-8

二、三步助跑滑步技术

三步助跑滑步投球比四步投球少一步，其他动作基本结构相同，常被那些熟练掌握基本技术、积累大量比赛经验的高手使用，特点是助走时间短、速度快、突发性强，步幅比四步投球的步幅略大些，节奏快，助跑距离短、不易犯规，可以投出强球。

(一)动作方法(见图4-4-9)

1. 准备姿势

(1)面向球瓶,两脚前后站立,右脚在前,左脚在后,两脚距离大约半个脚掌;

(2)双膝自然弯曲,重心在右腿;

(3)右手握球,左手助提,右前臂弯曲约呈90°。

2. 助跑摆臂

(1)重心放在右脚,双手把球推出,手臂伸直,左手离球向外侧展出,同时迈出左脚;

(2)持球手臂后摆至与地面平行位置,双手把球朝前下方推出至手臂伸直,然后迈右脚,同时右手握球垂直下摆至垂直位置,左手离球外展;

(3)第二步为右臂垂直后摆与肩平行,左手继续外展。

3. 滑步投球

持球手臂下摆过渡到向前摆时迈出左脚为第三步,即滑步投球。滑步投球动作与四步助跑滑步投球动作相同。

(二)注意事项

(1)与四步滑步投球的注意事项基本相同;

(2)由于三步出球的力量较大、旋转较强,因此长时间用此种方法会疲劳和紧张,要注意调节。

BAOLINGQIU JIBEN JISHU 保龄球基本技术

图 4-4-9

049

三、五步助跑滑步

五步助跑滑步比四步助跑法多一步，助跑前的站位离犯规线更远，这使助跑距离加长，步伐增多，有利于提高助跑速度和控制球的摆动幅度，从而使保龄球的前冲力量加大。五步助跑法常在职业选手比赛时使用，特点是多了一个准备姿势，有利于提高动作的协调性，稳定投球时的情绪，提高投球的成功率。

(一)动作方法(见图4-4-10)

1. 准备姿势

与三步助跑投球的准备姿势相同。

2. 助跑摆臂

(1)第一种方法是：站好以后把重心移到右脚，然后左脚适度地迈出一小步，同时右手提球，左手助握，球相对不动，第一步动作结束后进入四步投球助跑摆臂；

(2)第二种方法是：站好以后把重心移到右脚，右手握球，左手助握，双手把球推出，手臂伸直，当左脚向前迈出一小步时，双手同时把球拉回到原来位置，然后进入四步投球助跑摆臂。

3. 滑步投球

滑步投球的动作方法与四步助跑法相同。

(二)注意事项

(1)与三步滑步投球的注意事项基本相同；

（2）由于步数多，因此要注意左右脚的交叉和出球的力量；
（3）由于旋转较强，因此要注意身体的放松。

持球　1步左脚　2步右脚　3步左脚　4步右脚　5步左脚
　　　伸出　　伸满　　　下落　　　后摆　　　回摆出手

图 4-4-10

第五节 投线球与投旋转球

球的线路是指球投出后,球在球道上运行的轨迹;球的旋转是指球投出后沿自身横轴或纵轴的转动。击中球瓶数目的多少,与球投出后的运行线路有直接关系,球投出后的运行路线又与球在前进过程中旋转的方向和速度紧密相连。根据球的路线和旋转,投球包括充分滚动球、旋转球、直线球、斜线球和曲线球等。

一、充分滚动球

充分滚动球常在投球力量比较大且前进力大于转弯力时使用,特点是球路较直,但力量逐渐减小,效果差、易偏离,适合初学者。

(一)动作方法(见图4-5-1)

1. 准备姿势

同四步助跑滑步投球的姿势。

2. 球的握法

(1)使用普通球时,大拇指指向12点钟方向,中指和无名指指向6点钟方向的左和右;

(2)使用专用球时,可以采用任意握法。

(二)注意事项

出手力量要集中,助跑路线要直,利于直线出球。

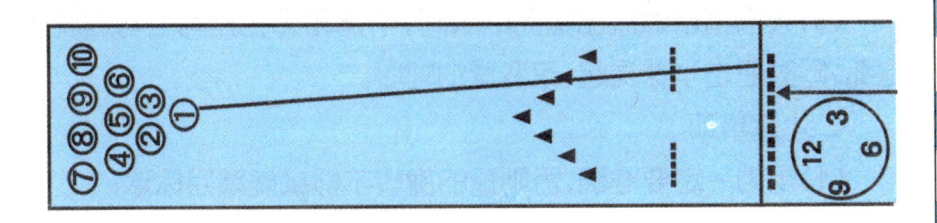

图 4-5-1

二、旋转球

旋转球就是改变投球的形式,使球在前进时绕着不同的轴心运动,形成不同程度的旋转。根据旋转的强度可分为高度旋转球、中度旋转球、低度旋转球和最低度旋转球。

(一)高度旋转球

高度旋转球常在职业选手比赛时使用,特点是旋转强、碰瓶后作用力减少、幅度较小、效果好。

1. 动作方法

(1)准备姿势和充分滚动球相似;

(2)握球—送球—投球,大拇指始终指向 10 点钟位置,中指和无名指指向 4 点钟位置左右,将球送出;

(3)大拇指自然脱出指孔的瞬间,中指和无名指向上勾提脱出指孔,同时把右半球提起,改变球的轴心。

2. 注意事项

(1)用力一定要准确,否则球的旋转不够或偏离目标球;

(2)出手时一定要提起球的右半侧,但不能提起过高,以免产生砸球现象。

(二)中度旋转球

中度旋转球常在掌握一定优秀技术后使用,特点同高度旋转球。

1. 动作方法

(1)准备姿势和高度旋转球相似;

(2)握球时大拇指指向 12 点钟的位置,中指和无名指指向 6

点钟左右,在"推球—垂直下摆—垂直后摆"中保持这种状态,向前做垂直回摆时,手腕和手臂同时向内侧转动15°,使大拇指指向10点钟位置,中指和无名指指向4、5点钟之间的位置;

(3)出球时和高度旋转球相似。

2.注意事项

(1)在前一阶段的握球姿势不能随着后摆动作而改变;

(2)垂直回摆时手臂要及时内转,但不能转得过大;

(3)注意动作的衔接。

(三)低度旋转球和最低度旋转球

低度旋转球和最低度旋转球常在多局比赛中使用,特点是对手臂力量和球技要求高。

1.动作方法

(1)低度旋转球

握球时大拇指指向1点钟的位置,中指和无名指指向6、7点钟之间的位置,保持此状态在后摆时不变,向前垂直回摆时,手臂、手腕向内转动30°左右,使大拇指回到10点钟位置,中指、无名指指向4、5点钟之间的位置。

(2)最低度旋转球

握球时大拇指指向2点钟位置,中指、无名指指向7、8点钟之间的位置,保持此状态后摆时不变,向前垂直回摆时,手臂和手腕向内转动45°,使大拇指回到10点钟位置,中指和无名指回到4、5点钟之间的位置。

2.注意事项

(1)同以上几种;

(2)注意力量的应用和出手角度的选择。

三、直线球

直线球常在初学者学习时使用,特点是简单易学,球入道后直线运行。

(一)动作方法(见图4-5-2)

(1)基本姿势与前面几种相同;

(2)在运球和投球时,大拇指指向时钟12点钟位置,中指和无名指指向时钟6点钟左右的位置,将球送出时,大拇指先行脱出指孔后,中指和无名指向上勾提后脱出指孔;

(3)球投出后,落在球道中间的木板上,球会沿自身横轴向前滚进,通过4号目标箭头直射1号球瓶。

(二)注意事项

(1)在投球过程中,要求助跑平稳,球的落点准确,球路直;

(2)投出球一般是充分滚动球,注意此种球的力量会逐渐减弱;

(3)提高动作的连贯性、协调性和手臂摆动的直线性,千万不

要使出球路线偏移,否则会降低命中率;

(4)仔细体会球速、球路以及球的旋转。

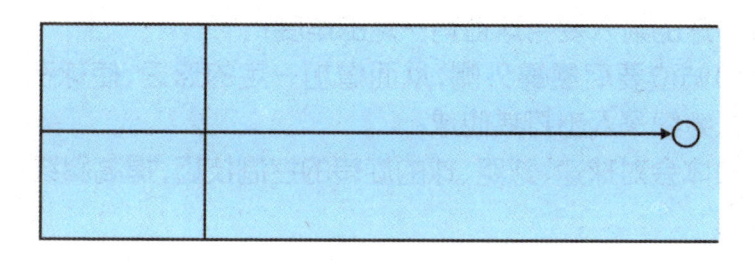

图 4-5-2

四、斜线球

斜线球常在能正确掌握出球路线时使用,特点是射入角度越大,碰球后的破坏力越大,三角瓶区连锁反应越大。

(一)动作方法(见图 4-5-3)

(1)基本姿势同直线球;

(2)投法和直线球基本相似,不同之处在于助跑路线与球

道需有一定的夹角。

(二)注意事项

(1)球的射入要与球道有一定的角度;

(2)站位要尽量靠外侧,从而增加一定的球速,使球在击打1号球后,继续深入击打其他球;

(3)体会对球速、球路、球的旋转的控制技巧,提高斜线投球的准确性。

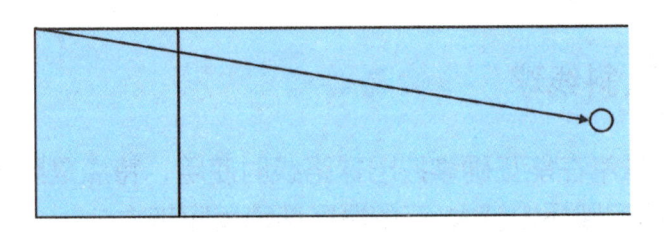

图 4-5-3

五、曲线球

曲线球常在掌握一定的技术动作、球的中心不在几何中心,且在适宜的球道上时使用,特点是:用不同的投法可以产生不同的旋转(产生钩球、弧线球、反旋球),碰球的效果比较好。

(一)动作方法(见图4-5-4)

(1)基本姿势和斜线球基本相同;

(2)曲线球的投法分为高强度旋转、中强度旋转、低强度和最低强度旋转,其投法与前面介绍的各类旋转球的投法相同。

(二)注意事项

(1)进行原地投球练习,主要以钩球为主,通过手腕的翻转速度来练习其他旋转;

(2)提高对球速、转速、球路的控制能力,熟悉投球站位的角度;

(3)通过徒手助跑投球练习,提高摆动与翻腕动作的连贯性、协调性,以及站位、助跑投球的节奏感与空间感;

(4)在掌握钩球技术之后再进行其他旋转,一定要注意这些技术的先后顺序,要具有渐进性。

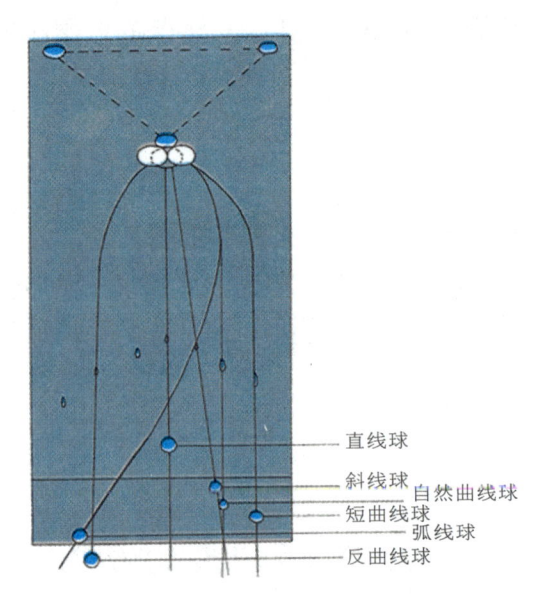

图 4-5-4

第五章 保龄球基础战术

和其他体育运动项目一样,保龄球同样也具有一定的战术。在熟练掌握基本技术后,通过合理的战术,才能达到全中的最终目的,或者在第二次补中时,尽量多得分。本章将简单介绍全中和补中的基本战术。

第一节 全中战术

打保龄球时最理想的投球是一次将瓶区的 10 个球瓶全部击倒,形成全中球。无论在比赛中还是在练习中,投直线球、斜线球、曲线球都可以打出全中,但全中球并不是每次都能打出来的,因为影响全中球的因素太多,例如,助跑的站位、球速、球的旋转、球路轨迹、击中球瓶后球路的偏离、被击中的球瓶与其他球瓶间的相互作用等。但是,球与球瓶、球瓶与球瓶之间的相互作用存在着一定的规律,下面就详细介绍一种全中球的形成过程(见图 5-1-1):

以右手为例,投球后,球经过球道向 1、2 号球瓶滚动,球首先击到 1 号球瓶的右侧,将 1 号球瓶顺着 2、7 号球瓶的连线方向击倒,1 号与 2 号、2 号与 4 号、4 号与 7 号球瓶之间相互作用,使 1、2、4、7 号球瓶全部被击倒,球击中 1 号球瓶右侧的一刹那,由于受到 1 号球瓶的阻力作用,球路略向右偏,从而击中 3 号球瓶的左侧,使 3 号球瓶顺着 6、10 号球瓶连线方向倒下,击倒 6 号球瓶,6 号球瓶顺势再击倒 10 号球瓶,球受 3 号球瓶的作用后,球路又略向左偏,击中 5 号球瓶的右侧,5 号球瓶在被击倒的同时将 8 号球瓶击入沟底,球受 5 号球瓶的作用后球路又略向右偏,将 9 号球瓶击倒。

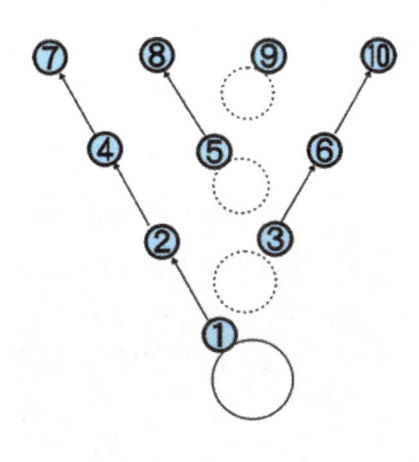

图 5-1-1

根据不同的投球方法,全中球战术可分为直线球全中战术、曲线球全中战术、弧线球全中战术、旋转球全中战术和反曲线球全中战术。

一、直线球全中战术

直线球全中战术的动作方法(见图 5-1-2)是:

(1) Ⅰ~Ⅳ都是站在左边投球,右肩略向前, Ⅴ则是站在中央,肩膀和犯规线平行,Ⅵ是站在中央,左肩略向前;

(2)送球时,先拔出拇指,接着中指和无名指勾起来,用指尖推拨保龄球,右肩直线往上挥,拇指指孔要正对 1 号球瓶和 3 号球瓶的口袋。

Ⅰ　Ⅱ　Ⅲ　Ⅳ　Ⅴ　Ⅵ

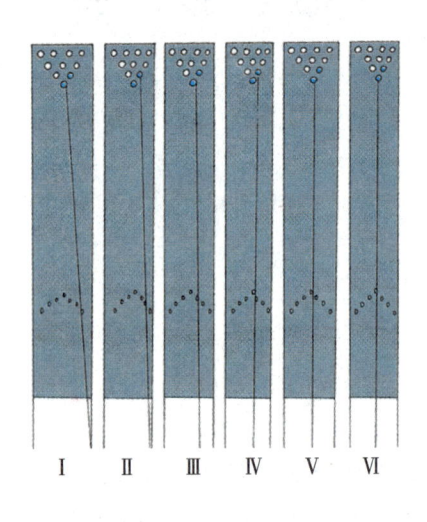

图 5-1-2

二、曲线球全中战术

曲线球全中战术的动作方法（见图 5-1-3）是：
拇指孔由原来 12 点钟的位置，转向 10 点钟的位置，同时旋转

手臂和手腕，用指尖钩球，使球在碰击1号和3号球瓶时的射入角尽量呈直角，这样破坏力会更大，增加全中的机会。

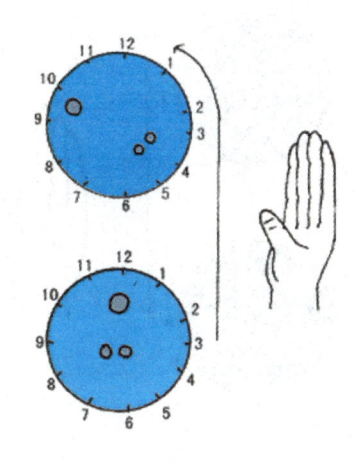

图 5-1-3

三、弧线球全中战术

弧线球即球的路线呈弧线，弧线球全中战术的动作方法（见图5-1-4）是：

送球时拇指孔对准球道，但是在出手的瞬间，先将拇指孔逆时针旋至10点钟左右位置的方向，中指和无名指再顺势把球推出，同时翻转手腕。

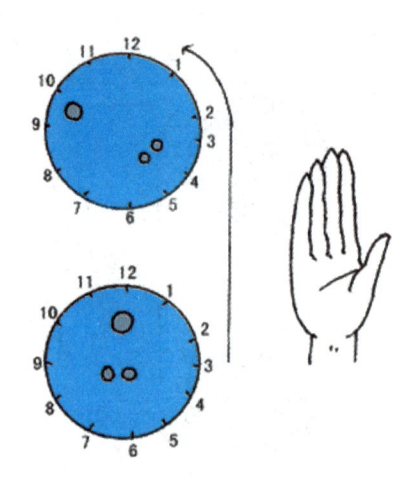

图 5-1-4

四、旋转球全中战术

旋转球全中战术的动作方法(见图 5-1-5)是:

在送球的时候,手腕、手臂向上旋转,拇指孔由 12 点钟旋至 1 点钟位置的方向,手掌外旋。

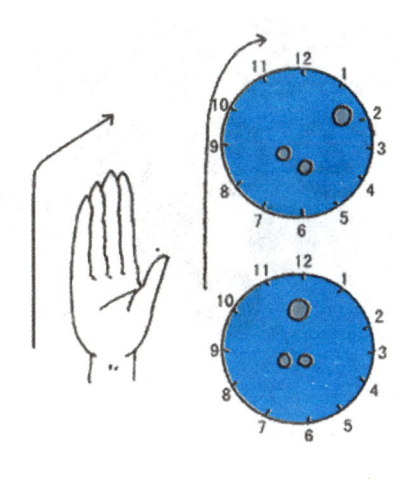

图 5-1-5

五、反曲线球全中战术

在投球的时候,一般要瞄准1号和3号球瓶的口袋才会全中,但是把球投入1号和2号球瓶的口袋(见图5-1-6)也会击出全中,这称为反曲线球全中,动作方法同曲线球全中战术。

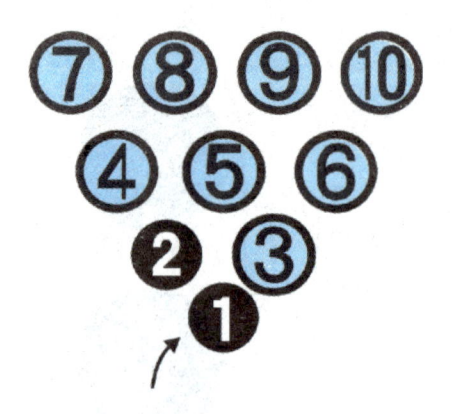

图 5-1-6

第二节 补中战术

　　补中战术就是在全中没打出的情况下，利用最少的击球次数来击倒 10 个球瓶的战术。由于打出全中毕竟属于少数情况，因此在平常的练习或比赛中，补中战术远比全中战术运用得多，关键是如何在顺次击球时利用最少的击球次数来击倒 10 个球瓶。青少年初学者需要掌握补中战术的几个环节。

一、合理选择关键瓶和击球点

(一)关键瓶的选择

每一组补中瓶中都会有一个关键瓶,即决定能否全部补中剩下球的那一个球瓶。关键瓶一般是投球的瞄准目标和首先击中的球瓶,也往往是离球员最近的一个球瓶;在关键瓶不存在的情况下,例如,4 号球瓶和 5 号球瓶竖立时,应该想到关键瓶是原来的 2 号球瓶(见图 5-2-1)。

图 5-2-1

(二)击球点的选择

正确地选择了关键球后,还必须选择合理的击球点。对于一个球瓶来说可以有很多被击的点,要根据球道上剩下的球瓶的分布选择击球瓶点(见图 5-2-2)。

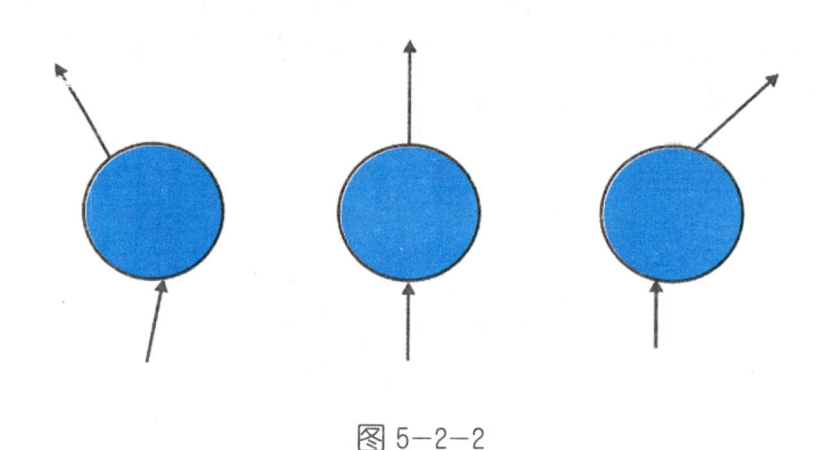

图 5-2-2

二、合理的投球角度线

角度线是投球时与球道的夹角,在很大程度上决定着行进路线。补中球战术一般有 3 种角度线(见图 5-2-3)。

(一)中间角度线

中间角度线位于助跑道中央偏右,常在1、5号球瓶为关键瓶时使用。

(二)右侧角度线

右侧角度线位于助跑道的右侧,常在关键补中球在左侧时使用。

(三)左侧角度线

左侧角度线位于助跑道的左侧,常在关键补中球在右侧时使用。

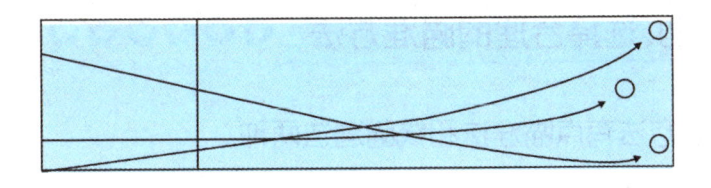

图 5-2-3

三、选择正确的球和球瓶的偏离

球和球瓶的偏离是指在球击球瓶后路线的改变,一般分 3 种情况。

(一)充分撞击

球正面撞击球瓶保持原来的路线不变。

(二)击球瓶的左侧

击球瓶的左侧,球瓶往右下倒,球往左侧偏离。

(三)击球瓶的右侧

击球瓶的右侧,球瓶往左下倒,球往右侧偏离。

四、选择合理的瞄准方法

瞄准方法有点瞄准法和线瞄准法两种。

(一)点瞄准法

点瞄准法常在只有一个补中球瓶时使用,力求落点准确,适当

地提高球速,减少球的旋转,投出直线球,直接命中球瓶。

(二)线瞄准法

线瞄准法常在有两个以上的补中球瓶时使用,要选择好关键瓶和撞击点,以保证球和球瓶的正确偏离。

五、合理分组补中瓶

在一般常见的 249 种组合中,把关键瓶和投球助跑站位相同的补中瓶组为一类,这样可以把注意力集中在关键瓶上,减少不必要的干扰,提高命中率。

第六章 保龄球比赛规则

任何运动项目的规则与程序都是运动员参与运动前所必须熟悉和掌握的。掌握好比赛程序与裁判规则，对于充分发挥运动员的技战术水平有重要的意义。本章主要介绍保龄球运动的程序和裁判方面的有关知识。

第一节 程序

保龄球运动是一项在室内进行的高雅体育项目，和其他运动一样，这项运动有其自身严格的程序。

一、参赛办法

（1）第一局比赛应在相互毗邻的一对球道进行，参加队际赛、三人赛、双人赛、单人赛的运动员应连续按顺序在一条球道上投完一格球后换到另一球道上投下一格球，直到在这对球道的每条球道上各投完五格球。

（2）一名或数名运动员可在一对球道上进行比赛，在一节比赛开始后，即不得改变这节比赛的阵容和投球顺序。

（3）在比赛进行过程中，如某一球道因设备发生故障而耽误正常比赛按计划进行时，执行裁判可允许运动员在另外一对球道上继续完成比赛。

二、比赛方法

一局十瓶制的比赛由10格组成。如果没有任何全中，每名运动员可以在前9格的每一格中投2个球。在第十格投出全中或补中时，每个运动员可以投3个球。每名运动员必须以正常顺序投完每一格。

第二节 裁判

学习和了解裁判方法，对于我们掌握裁判员的判罚尺度、提高比赛成绩、合理有效地运用规则会有很大的帮助。

一、裁判员

保龄球的裁判主要是依靠竞赛委员会所允许采用的，并且由世界十瓶保联确认的自动犯规监测装置。

如比赛场地没有自动犯规监测装置或该装置暂时坏了，就应设犯规线裁判员。犯规线裁判员必须在没有阻挡其视线的情况下，看清犯规线。

二、规则

（一）合法击倒球瓶

下列情况被认为是合法击倒的球瓶：
（1）被球和其他球瓶直接击倒或击出放在球瓶台上的球瓶；
（2）被从两侧边墙隔板或球道后部缓冲板反弹回来的球瓶所击倒或击出放球瓶台之球瓶；
（3）在清扫球瓶前被扫瓶器横杆反弹回来的球瓶所击倒或击出放球瓶台之球瓶；
（4）斜靠在边墙隔板上之球瓶。

(二)不合法击倒球瓶

在下列几种情况中,投出的球有效,但被击倒之球瓶不予记分:

(1)当球在到达球瓶前脱离球道,然后才击倒的球瓶;
(2)投出之球从后部缓冲板反弹回来击倒球瓶;
(3)当球瓶接触摆瓶员身体的任何部位反弹回来击倒的球瓶;
(4)被自动摆瓶器碰倒的球瓶;
(5)在清除倒瓶时被碰倒的球瓶;
(6)被摆瓶员碰倒的球瓶;
(7)运动员犯规后击倒的球瓶;
(8)投球后在球道和边沟里出现倒球瓶,应恢复原位,运动员有权在该格选另一个球。

(三)位置不正确的球瓶

当运动员在10个球瓶被全部放置的情况下投球或投补中球时,如果球已投出,即使立刻发现有一个或多个球瓶的位置排列不当,但没缺球瓶时,该投球和其得分应被计算。

决定球瓶之位置排列是否正确,责任在运动员。应在投球前,指出那些位置不正确的球瓶,否则就被认为对球瓶的排列表示满意。

在一次投球后,未倒之球瓶的位置不得变动,即被自动摆瓶器移动或错误放置的球瓶必须保留在被移动后错误放置的位置上，而不得人为地加以改动。

(四)弹回的球瓶

被击出球道后，反弹回来并竖立在球道上的球瓶，视为竖立的球瓶。

(五)不被承认的倒瓶

除运动员以合法的投球所击倒或击出球道的球瓶外，其他所有被击倒之球瓶均不予承认。

(六)球瓶的更换

在比赛中球瓶如被击坏或严重损伤，应立即更换一个尽可能和当时使用的重量相等、形状相同的球瓶。应由执行裁判决定球瓶是否放回原处。

(七)死球

当死球发生后，其得分不予记录，球瓶必须重新放置，运动员重新投球。如发生下列情况之一，所投之球为死球：

（1）在一次投球后（在同一球道下次投球前），立刻发现所摆的球瓶缺少一个或数个；

（2）在球未接触到球瓶前，摆瓶员干扰了任何球瓶；

（3）在球瓶停止撞击之前，摆瓶员移动或干扰了任何剩下的球瓶；

（4）一名运动员在错误球道投球或没有按顺序投球时，或某队的一名运动员在一对球道的错误球道上投球；

（5）当运动员已开始投球，但投球动作尚未完成之前，其身体受到其他运动员、观众或运动物体的干扰时，必须选择是接受此球将要击倒的球瓶之结果，还是宣布为死球；

（6）运动员投出之球，未接触球瓶之前，球瓶发生移动或倾倒；

（7）运动员投出的球接触任何障碍。

（八）球道使用错误

当发生以下情况时，应视为死球，运动员可以要求在正确的球道上重新投球：

（1）一名运动员投错球道；

（2）各队的一名运动员在一对球道上投错球道，分两种情况，当同队一名以上的运动员已经在错误的球道上投球时，这一局比赛就需要更正球道，可以在此球道上继续完成该局比赛，但下一局的比赛必须在规定的正确球道上进行，在个人对抗赛中，运动员每次投两格球，并交换球道，当发现运动员投错球道时，该球为死球，要求这名运动员回到正确的球道上重投，如对方运动员已投球后才发现这一错误，则该运动员的得分应予以记录，但以后应在正确的球道上投球。

(九)临时性投球

当对犯规、被击倒之球瓶或是死球提出争议,而执行裁判无法立即解决时,必须让该运动员投临时性的一个球或一格球,以供裁决时用。

(十)个人专用球

保龄球应该是个人专用的,除非该球拥有者同意,否则其他运动员不得使用该球。

(十一)改变球的表面状态

在获批准的比赛中,禁止使用磨料来改变保龄球的表面状态。凡采用此法改变了表面状态的球均不得在比赛中继续使用。

(十二)保持助跑道的完好

(1)禁止使用因运动员的正常活动可能造成助跑道表面任何部分损伤的物品,例如,滑石粉、硅石、松香等;
(2)禁止使用软橡胶鞋底或带有橡胶后跟的鞋;
(3)禁止将任何粉末带入运动员比赛区域。

(十三) 对记分错误的抗议

在比赛中出现的记分错误或计算方面的错误，必须由记分员或比赛执行裁判立即予以纠正。对有疑问的错误应由竞赛委员会决定处理。

对于记分上的错误所提出的抗议，其期限是从这个项目结束后或当天的这一节比赛结束后的 1 小时之内，但必须在颁奖典礼或下一项比赛开始之前（取决于哪个时间在前）。

(十四) 对参赛资格及竞赛规则提出抗议

对参赛资格或对竞赛规则提出抗议，必须以书面形式在发生犯规的这局比赛后 24 小时内，或在发奖前（取决于哪个时间在前），提交给比赛执行裁判。

对犯规或合理击倒球瓶提出抗议，该协会代表应向执行裁判提交有关的证据。

如在上述期限内没有提交书面抗议，则视为认可比赛结果。

每场赛事都应有正式记分员或自动记分装置记录所有比赛成绩。如犯规未被记分员记上，运动员又伴称未看记分表，应在执行裁判员的监督下将分数改过来。一局比赛中，分数没有累计，执行裁判对该运动员原有的成绩应予确认。

每局被批准的比赛必须在记分表上详细填写每一次投球所击倒的球瓶数，以便于每格均可核实查对。每名运动员或队长应在每局比赛后立即在记分表上签名确认成绩，之后收到一张记分表的副本。

除了分数的计算有明显的错误外,成绩一经记录不得更改。一旦发现明显的错误,执行裁判应立即改正。可疑的错误交竞赛主任处理,竞赛主任将按照规则,在限定的时间内将错误改正。

一局比赛进行中出现漏记分数,在符合竞赛规则的情况下,经竞赛主任批准可以重投。

(十五)运动员迟到

运动员或运动队在比赛时迟到,应在所分配的球道上按当时正进行比赛的那一格开始比赛,并记录得分。

如单独被分配一球道,应从该场比赛已进行的各球道中格数最少的一格开始记录其得分。

三、评分

除全中的记分外,运动员投出的第一个球击倒的球瓶数记在上方左边的小方格内。运动员投出的第二个球击倒的球瓶数记在上方右边的小方格内。如第二次投球未击中任何一个剩余的球瓶,用"—"符号记在记分表上(表6-2-1为记分表示意图)。一格内两次投球后,应立即将分数记录下来。

表 6-2-1

1		1		…		9		10	
1	2	1	2	1	2	1	2	1	2
				…	…	2	8	F	
30		57		…		152		180	

(一)全中

当每一格的第一次投球击倒全部竖立的 10 个球瓶时,称为全中。用"×"符号记录在记分表上该格上方左边的小方格中。全中的记分是 10 分加该运动员下两次投球击倒的球瓶数。

(二)两次全中

连续 2 个全中就称两次全中,第一次全中的记分为 20 分再加上随后第一球所击倒的球瓶数。

(三)三次全中

连续 3 个全中称为三次全中,第一次全中那格的记分是 30 分。一局的最高分是 300 分,运动员必须连续投出 12 个全中。

(四)补中

当第二次投球击倒该格第一球余下的全部球瓶,称为补中,用"／"符号表示。记录在该格右上角的小方格内。补中的记分是 10 分加运动员下一个球击倒的球瓶数。

(五)失误

除第一次投球后形成分球瓶外,当运动员在某格两次投球后,未能将 10 个球瓶全部击倒，即为失误。

(六)分球瓶（技术球）

分球瓶是指在第一球投出后，把 1 号球瓶及其他几个球瓶击倒，剩下的球瓶呈下列状态：

2 个或 2 个以上的球瓶，它们之间至少有 1 个球瓶被击倒时，如 7 号球瓶和 9 号球瓶、3 号球瓶和 10 号球瓶。

2 个或 2 个以上的球瓶，紧接在它们前面的球瓶至少有 1 个被击倒时，如 5 号球瓶和 6 号球瓶，分球瓶在记分表上用"S"符号表示。

(七)犯规的记录

运动员的犯规应记录在记分栏中，但击倒之球瓶不记录。应将被其击倒的球瓶重新排列，犯规运动员可以在该格再投一球。犯规在记分表上用"F"符号表示。

四、犯规

在投球时或投球后，运动员的部分身体触及或超越了犯规线，以及接触了球道的任何部分和其设备建筑时，即为犯规。该次犯规的时效直到该名运动员或下一名运动员投球为止。

（一）故意犯规

当运动员借助于被判犯规以获得好处而故意犯规时，该运动员的这次得分为 0 分，同时不允许在该格再次投球。

（二）明显犯规

如果一个明显的犯规未被自动犯规监测装置或犯规线裁判员发现，但为以下人员认定，仍应宣布并记录为犯规：
（1）双方队长或双方一名以上运动员；
（2）记分员；
（3）一名执行裁判员。

（三）对犯规提出申诉

除了以下情况，不允许对犯规提出申诉：
（1）证明自动犯规监测装置不能正常工作；
（2）对比赛之运动员未犯规提出强有力的证据。

台球

第七章 台球概述

在所有体育项目中，台球可以说是比较轻松的一种了，经常参加这项运动可以起到锻炼身心的作用。

第一节 起源与发展

台球运动至今已有五六百年的历史了。关于它的起源，众说纷纭。但是，台球起源于西欧是无可争辩的事实。

一、起源

1510年，台球出现在法国。法国国王路易十四在凡尔赛宫玩的"台球"是在桌上放一个用象牙做的"拱门"和一根叫"王"的象牙立柱，然后用勺形棒来打球，把球打进"拱门"或碰到立柱便可得分（见图7-1-1），他当时用的是单个球。

图 7-1-1

路易十四的医生建议他餐后做台球运动，以利于健身，台球因此得到他的喜爱和关注。

17世纪，台球在法国逐渐风行起来，这也是台球起源于法国说法的根据。

此后，台球真正成为大众娱乐项目，并逐渐演变成现在的英式台球和法式台球等。

比较流行的英式斯诺克台球，起源于1885年，这种打法已延续了100多年。

二、发展

随着台球设备、用具及玩法的不断改善，台球运动也在不断地被更多人所接受和热爱，迅速地发展起来了。

1903年，英国台球协会制定了正式的斯诺克台球规则。

1916年，英国业余台球协会成立。

1919年，英式台球和斯诺克台球的最高组织——台球联合会成立。

1927年，职业斯诺克台球开赛。

1948年，美国成立台球协会。

1968年，美国一家塑料公司制造出塑胶台球。

第二节 特点与价值

台球运动作为一项"绅士"运动，广受人们的喜爱，这与台球的

特点和价值是分不开的。

一、特点

台球运动自始至终包含着物理学和几何学的原理。球在台面上的一切运动，都可以用物理学和几何学的原理加以解释，角度、旋转和距离无一不贯穿在台球运动中。当计算台球所行进的角度时，我们可以用几何学来加以演算；当计算台球的旋转时，我们又可以使用物理学来加以说明，所以，我们说台球运动是一项含有物理学和几何学的运动。

二、价值

台球运动既不像球类项目那么激烈，又不像棋类项目那么安静，它静中有动，并在动中求静。

(一)修身养性

大家知道，人在心静时，呼吸会变得轻微而平缓。气功上讲究"入静"，打台球首先要求的也是"入静"，其次再把注意力集中在球台上。否则，打台球时的呼吸就不会均匀，从而直接影响到下杆击球的准确程度。

呼吸的自然与否是击球能不能达到理想效果的关键。所以说，台球中包含着许多气功原理，我们运用这些原理不但能达到准确击球的目的，还能达到修身养性的目的。

(二)强身健体

有人曾经统计过,打1小时台球平均要走1000多步,约为500米,如果每天能够坚持打2小时的台球,就要走大约1000米,这对患有慢性病的人来说无疑是一种恰当的活动。由此可见,打台球是可以健体强身的。

第八章 台球场地、器材和装备

　　台球是一项"绅士"运动，关于台球的场地、器材和装备也相对比较复杂，在这里介绍一些青少年台球爱好者必须了解的知识。

第一节 场地

台球场地应该设在空气流通的室内,对场地的设施、灯光等均有一定的要求。

一、规格

(1)场地的空间必须不小于长7米,宽5米,高3米;

(2)放置球台的场地要宽敞,周围至少留有1.5米左右的空间,以便击球时抽送球杆。

二、设施

(一)球台

1.台面

(1)台面的尺寸根据台面长度与宽度的尺寸来确定,测量尺寸以台的内侧边框到对面内侧边框的长度计算,长与宽之比为2∶1;

(2)球台边框用坚实沉重的硬质木材制成,台内侧边框以弹性好的三角形橡胶边条镶装,外面用台呢包裹;

(3)台面由3块或5块经研磨加工的青石板或大理石等高级石板制成,台面绷铺纯毛绿色台呢。

2.球袋

(1)球袋共6个,分设于球台四角和两侧长边案正中;

(2)靠近开球区两底端的为"底袋"，两边案正中的为"中袋"，案头至两底的为"顶袋"。

3.台呢和台布

(1)台呢为铺在台面上用纯毛制成的布，表面上有一层短的毛绒，主要用于英式台球桌；

(2)美式球台的台布没有毛绒，作用是使球在台面上跑得更快；

(3)无论是台呢还是台布，为了不影响球在台面上正常滚动，它们均须平整高度、织线密集。

(二)座位

为了方便运动员休息，台球的场地设有运动员休息座位。

三、要求

(1)场地应设在空气流通，温度和湿度适宜的室内；

(2)地面保持无障碍；

(3)球台放置在结实平稳的地方，以免出球时受到震动而影响球的运行；

(4)照明装置一般要安装阻止灯光散射的灯罩，使灯光均匀、全面地照在整个球台上，不散射到球台外。

第二节 器材

台球运动器材包括球杆、台球、架杆和涩粉与扑手粉等。

一、球杆

(一)规格

(1)球杆长度和重量没有严格的规定,长度根据个人的身高来选定,但长度不能短于 91 厘米;

(2)球杆分为整根式和组合式两种。

(二)材质

(1)球杆为直接击球的工具,用质细而坚实的枫木或其他具有一定弹性的硬木制成;

(2)撞头(即皮头)用皮垫加工处理制成,质量的好坏影响到击球效果,作用不可忽视。

二、台球

(一)规格

斯诺克台球每副共有 8 种颜色、22 个球。每个球重 145~146 克,直径为 5.25 厘米。

(二)材质

台球由高能聚酯制成,价格低廉,色泽纯正,表面光滑,弹性和韧性好,重心和中心重合,圆度精确,运动效果好(见图 8-2-1)。

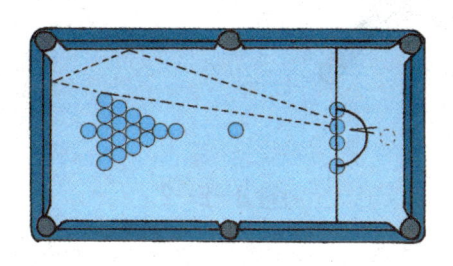

图 8-2-1

三、架杆

(一)规格

1.短架杆(见图 8-2-2)

短架杆为"十"字形支架,长约1.5米。当用手支架困难时,可以借助短架杆来击球。

2.长架杆(见图 8-2-3)

长架杆为斜"十"字形的支架,当目标球距离太远时,可以借助长架杆配合击球。

3.高脚架杆(见图8-2-4)

　　高脚架杆形似拱形桥,当主球与目标球之间有其他球停留时,常用高脚架杆。

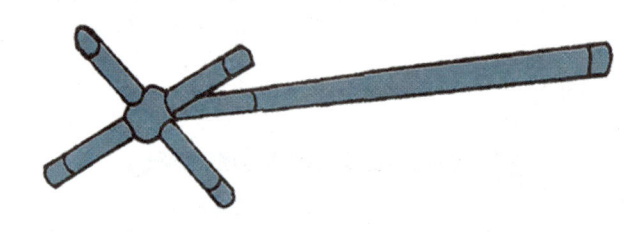

图 8-2-2

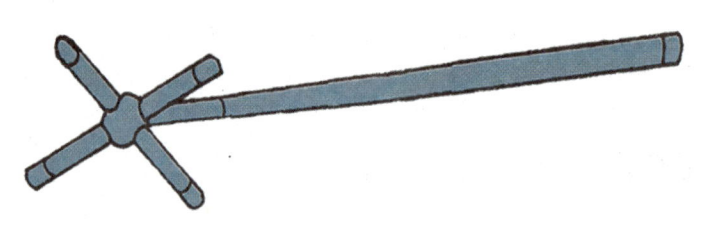

图 8-2-3

图 8-2-4

(二)材质

架杆是由于运动员离白球太远,无法用手做支架时使用的辅助工具,用质细而坚实的枫木或其他具有一定弹性的硬木制成,杆头用硬塑或合金做成。

三、涩粉与扑手粉

(一)涩粉

涩粉形似巧克力,故又称巧克粉,可增加皮头与球之间的摩擦力,防止撞皮头和球之间产生滑脱。

(二)扑手粉

扑手粉即滑石粉,作用与巧克粉相反,可吸汗除涩,减少阻力。

第三节 装备

台球是一种高雅运动,球员在台前的衣着打扮及一举一动都代表着台风,因此,应时时注意自己的言行举止。

一、服装

(一)款式

大多数人打台球时的服装比较随便,不会特意为了打台球而换一身正规的衣服。但是在打台球的过程中,人们往往会围着球台走很多圈,消耗的体力也较大。所以,我们在平时的练习过程中,应尽量穿舒适一些的服装。在正规比赛中,球员上身必须穿衬衫、马甲,系领带或领花,下身穿长裤。

(二)要求

(1)衣着要干净,否则会被认为是不"绅士"的行为;
(2)运动员的穿着必须符合比赛衣着的要求。

二、鞋

(1)在平时的练习过程中,最好穿运动鞋或其他舒适些的鞋;
(2)在正规比赛中,运动员必须穿皮鞋,以表示一种"绅士"的行为。

第九章 台球基本技术

　　掌握台球的基本技术是打好台球的前提条件。台球的基本技术包括基本姿势、基本击球方法、对主球的控制和基本击球技法等。

第一节 基本姿势

打台球的基本姿势是打好台球的前提,包括握杆姿势、杆架姿势和击球姿势等。

一、握杆姿势

目前,世界上流行的握杆法主要有两种:一种是前三指(拇指、食指、中指)握杆,多为九球选手采用;另一种是二指(中指、无名指)握杆,多为斯诺克选手采用。这里只详细介绍后一种握杆法及其手感:大拇指和食指闭合,形成一个圆圈,让球杆贴在上面,虎口打开;食指和无名指要在杆头靠近目标球时,垂直于地面,垂直点在食指和无名指的第二指节。运杆的幅度要从大到小、速度从快到慢、握杆从松到紧,动作方法(见图 9-1-1)是:

(1)找到球杆的重心,将拇指和食指分开,把球杆担放在拇指和食指根部,然后左右推动球杆进行调整,直至平衡为止,支撑球杆的部位就是这支球杆的重心位置;

(2)从这个重心向杆尾移动 20~30 厘米,这个部位便是一般握杆的合适位置,遇有特殊打法需要,可以前后移动,调整握杆位置;

(3)找到了握杆的合适位置便可更容易地运杆,运杆时身体要放松,运杆手臂更要放松,运杆要有节奏,同时幅度适当,运杆路线保持直线,不能左右摆动,从而保证击球的质量,打出理想的杆法。

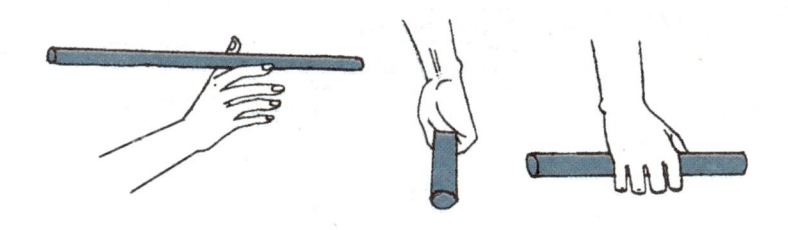

图 9-1-1

二、杆架姿势

用手为球杆做成的各种支架称为杆架。自然而稳定的杆架可以引导球杆准确击球。杆架姿势主要有平背式杆架手势、凤眼式杆架手势、"V"式杆架手势和台边杆架手势等。

(一)平背式杆架手势

平背式杆架手势比较低,适用于球径较小的落袋式台球,动作方法(见图 9-1-2)是:

(1)先把左手掌伸直,手心向下按在球台台面上,五指尽量岔开,指尖紧贴台呢,形成一个面积较大的、稳定的杆架基部;

(2)掌心略拱起,拇指紧贴食指翘起,食指与拇指之间出现一个凹槽,使球杆可以在凹槽上自由活动,如需调整高低,可以伸平手指降低手掌或拱起升高。

图 9-1-2

(二)凤眼式杆架手势

凤眼式杆架手势与平背式杆架手势略有不同,手势较高,不适合打低杆球,动作方法(见图 9-1-3)是:

(1)将左手平放在球台台面上,手心向下,由手腕到指尖向内侧略微转个小弯;

(2)小指、无名指和中指一齐向内侧转动拱起,手掌左边压在台面上,3个手指形成支撑;

(3)当左手与球杆方向接近直角时,左手拇指尖和食指尖向一起靠拢;

(4)拇指和食指形成一个圆圈后,把球杆插入圈内来支撑击球。

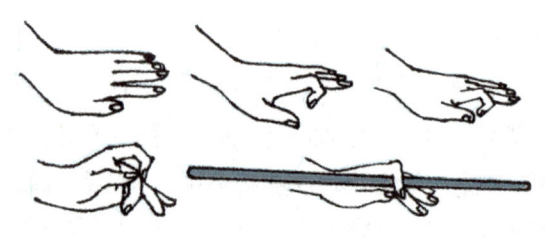

图 9-1-3

(三)"V"式杆架手势

如果在主球后面有一个球形成击球障碍，为了不碰到这个阻挡球，必须采用"V"式杆架手势将球杆抬高，动作方法（见图9-1-4）是：

(1)把4个手指竖起来，支撑在阻挡球后面，大拇指尽量翘起；

(2)击球时，球杆架在拇指和食指间形成的"V"形槽里顺槽滑动；

(3)主球离阻挡球越近，做杆架的手就应越近，角度越陡，以便打中主球。

图 9-1-4

(四)台边杆架手势

主球靠近台边时，击球难度就会加大。根据具体情况运用适当的台边杆架手势，可以增加杆架的稳定性，提高击球的准确性。下面以图例形式介绍几种有代表性的台边杆架手势（见图9-1-5）：

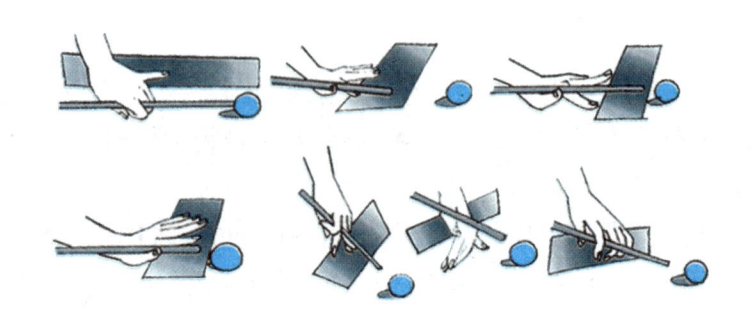

图 9-1-5

三、击球姿势

一些球手虽然打了多年台球,球技却平平常常,为此深感苦恼,当发现是因为击球姿势不正确时,有心纠正但已经很难改正了。因此,在开始学台球时,就必须严格要求自己的击球姿势,包括站立位置、脚的位置、上身姿势和面部位置等。

(一)站立位置

站立的合适位置要根据球和球杆的方向、距离来确定,动作方法(见图 9-1-6)是:

(1)右手按照要求握好球杆,面向球台上要打的主球方向站立,平握球杆,杆头指向主球,与主球相距 2～4 厘米;

(2)握杆的右手拇指和裤子侧缝线对齐,球杆的指向必须与主球的行进方向在一条直线上。

图 9-1-6

(二)脚的位置

脚的位置的动作方法(见图 9-1-7)是：

(1)站立的位置确定后,握杆的右手原位不动,在两脚立正站立的姿势下,左脚向右侧略前方迈出一小步,与肩同宽(可根据身材高低调整),右脚尖向右外侧自然转动 45°～80°；

(2)两脚平放,不要离开地面,右腿绷直,左腿前屈,构成一个稳固、坚定的击球姿势。

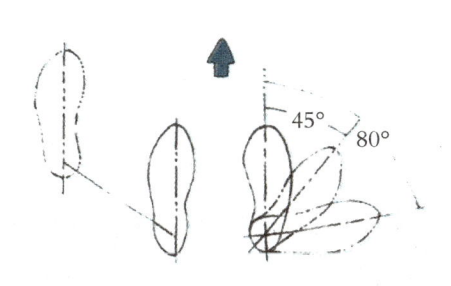

图 9-1-7

(三)上身姿势

因为斯诺克台球的球径小、台面大,对准确度要求高,所以一般采取俯身平视的姿势瞄准击球,动作方法(见图 9-1-8)是:

(1)用平背式杆架,上身向前平伸,离台面很近,头略抬起;
(2)下颌与球杆相贴,两眼向前,顺着球杆方向瞄视。

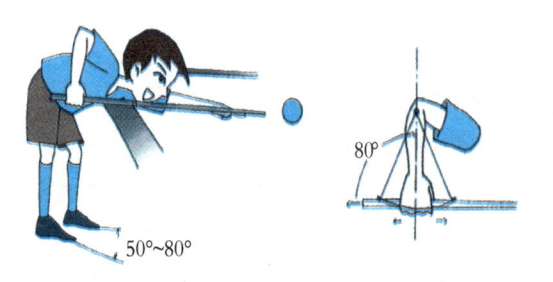

图 9-1-8

(四)面部位置

正确击球姿势的形成,不能忽视面部位置的重要作用,要想使球按照预想的路线行进,必须特别注意使面部的垂直中心线与球杆的中轴线在同一个垂直于台面的平面上(见图 9-1-9)。

图 9-1-9

第二节 基本击球方法

对于初学者来说,基本击球方法十分重要,包括策划、击球点、瞄准、杆架、站立、握杆、抽拉准备动作、挥杆、跟进和收杆等。

一、策划

在击球之前,要选择准备击打的目标球,这决定于台面上球的分布情况,以及此击的目的——进攻还是防守,或是攻中带守。决定了目标球后,在弯腰击球之前,应该根据主球和目标球的位置、主球走位的要求等,决定击球的技法和力度。

二、击球点

球杆击打白色主球的部位称为击球点。初学者只需瞄准台球的中心撞击即可，靠力量和自然角度来走位。

三、瞄准

要根据个人的视力来决定瞄准位置，一般提倡将球杆放在鼻子下方，以便用双眼瞄准。

四、杆架

通常用左手做成杆架，放在距离主球约20厘米处的台面上，把球杆的前端放在该杆架上，由右手持杆进行击打。

五、站立

击球之前要站稳，右手持杆击球时，两脚分开，左脚在前，右脚略后，左脚脚尖朝向身体前方，右脚脚尖朝向身体右前侧，右腿直立，左腿弯曲，两脚相距30～40厘米，身体重心主要放在右脚上。击球时身体不要移动，只移动右前臂，即从肘部到腕。

六、握杆

右手握杆的位置不宜过于靠前，距杆尾5～10厘米为宜，否则，向前移动球杆时容易碰到身体，使击球不稳，无法保持

球杆直线移动。

七、抽拉准备动作

击球前来回抽动球杆的准备动作很重要，一方面可以提高注意力，使肌肉和神经都为击球做准备，另一方面可以在抽动过程中调整瞄准点，保证出杆撞击点的精确性。

八、挥杆

击打前，上体应尽量前俯，下颌贴近球杆，目测主球被击打后将要行走的路线，这样能够获得较高的准确性。同时在击球的一瞬间，身体姿势保持击球前的身体姿势，挥杆路线要直，力量要适当，球杆在击球后要有适当的跟进，这样才能提高击球的质量，控制好击球后主球的路线。

九、跟进

无论是随击还是缩击，球杆杆头在击打主球后都不要急停，要自然跟进约15厘米。另外，跟进时，杆头不要抬高，也不要降低，要随击球的惯性自然、笔直地跟进。

十、收杆

身体和杆架在球击出后，仍应保持不动，直到主球击打到目标球后再移开。

第三节 对主球的控制

对于台球爱好者来说,想要打好台球,最关键的就是控制好主球的运动轨迹,世界上所有的台球高手都有非常出色的控制主球的能力。对于初学者来说,对主球的控制能力也是非常重要的,包括对主球击点、主球运动方向和主球运动速度的控制。

一、主球击点

从正面看主球,也就是沿着平行于球杆击打方向的视线去看,主球是一个圆面,这个圆面上的任意一点都是击点。其中,有9个击点是主球上所有击点中最基本的击点,分别是:正中点、中上点、中下点、左上点、左点、左下点、右上点、右点、右下点(见图9-3-1)。

主球的各种基本行进路线都是由这9个基本击点决定的。同时,球杆击打在主球上这9个不同的击点,会产生不同的旋转运动。因此,台球初学者要把这9个基本击点熟记在心,以便在击球时正确地使用。练习击打主球击点的方法是:

(1)开始练习击打主球击点时,最好先学打正中击点,这个正中点看上去很容易击打,其实并不简单;

(2)击打正中点时,如果主球能撞准目标球的正中部,主球就会定在目标球原来停留的地方不动;

(3)由于人身体击球时的姿势并不是与杆、主球及目标球保持

完全的直线,因此难免有误差(见图9-3-2),初学者在练习中要尽力避免;

(4)击打主球左击点靠边一点儿和靠中心一点儿,其结果虽然不太一样,但其间的差别较小,一般看不出来,只能通过在实践中多观察、多练习来掌握;

(5)击打主球时要注意避免滑杆现象,要以圆的球杆皮头击圆的主球,如果球杆击打的击点过于靠近球边,就会造成球杆滑脱。

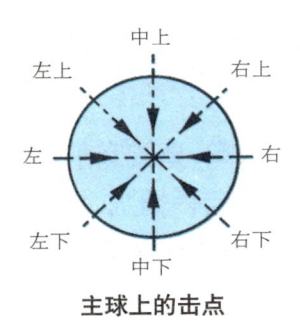

主球上的击点

图9-3-1

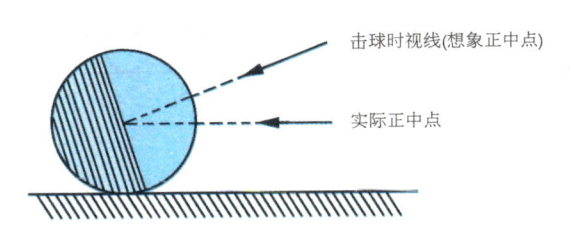

图9-3-2

二、主球运动方向

用各种大小不同的力量，或用球杆击打主球的上、中、下不同部位，主球旋转行进的路线是不同的，最基本的有撞击主球中上部、撞击主球中心、撞击主球中下部、撞击主球右中部和撞击主球左中部等。

(一)撞击主球中上部

当球杆撞击主球的中上部后，主球的运动方向(见图9-3-3)是：

(1)主球沿着球杆的方向，直线向前方旋转行进；

(2)主球的旋转速度和自转情况，直接受到球台上所铺台呢质地的好坏和出杆的力量大小及快慢的影响。

图9-3-3

(二)撞击主球中心

当球杆撞击主球的中心后,主球的运动方向(见图 9-3-4)是:
(1)主球在一段距离内先向前滑动,然后开始向前转动;
(2)主球滑行距离的长短,取决于击球用力的大小、出杆的速度以及台呢的质地等。

图 9-3-4

(三)撞击主球中下部

当球杆撞击主球的中下部后,主球的运动方向(见图 9-3-5)是:
(1)主球开始向前滑行瞬间便反转滑行,然后向后滚动;
(2)根据出杆情况,球在滑行阶段中,只有与球台的台边或目标球相撞受阻后,才能向反向滚动。

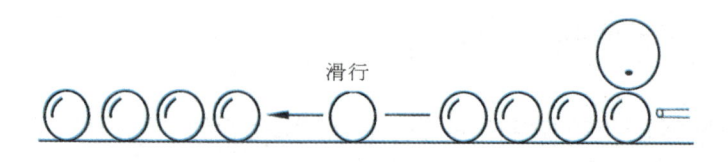

图 9-3-5

(四)撞击主球右中部

当球杆撞击主球右中部后,主球的运动方向(见图 9-3-6)是:
主球开始略有一点儿滑行后,即开始向左自转,同时也向前方行进,形成一种既向左转又向前进的混合运动。

(五)撞击主球左中部

当球杆撞击主球左中部后,主球的运动方向(见图 9-3-6)是:
主球开始略有一点儿滑行后,即开始向右自转,同时也向前方行进,形成一种既向右转又向前进的混合运动。

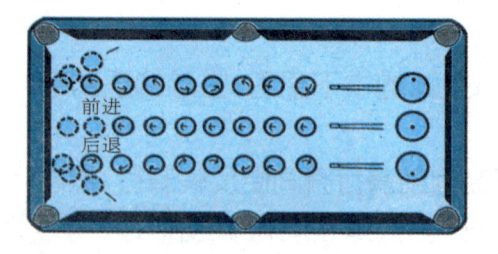

图 9-3-6

三、主球运动速度

打好台球最困难的就是控制用力的大小，即击打出去的主球速度的大小。有些人即便能非常准确地击打主球的击点，非常明白主球的行进路线，也不能控制好击球用力的大小。击球用力的大小是非常难控制的，就连许多台球高手也不敢保证能使发出的力量恰到好处，他们也是经过经验积累才能够较好地控制力量的大小。所以对于初学者来说，要刻苦地进行练习才能够提高控制主球的能力。

需要注意的一点是，重杆比轻杆给予球的速度要大，轻球比重球所受的初速度要大。但若要在实际中掌握好击打主球的力量，还要靠平时的勤学苦练才能做到，这也正是打好台球的关键之处。

第四节 基本击球技法

击球技法决定着主球与目标球相撞后的分离角以及主球的行走路线等。基本的击球技法有跟进球、推进球、定位球、吃库球、缩杆球、侧旋球和对不同击球力度的控制等。

一、跟进球

跟进球又称"高杆"，水平持杆，击打主球的中上点、左上点、右上点，分别称为中高杆、左高杆、右高杆，主球分别向正前方、左前

方、右前方跟着目标球前进。为了准确地掌握不同的跟进距离,可在前进路线一侧不同的距离摆上四五个球做标志,由近而远循序渐进地练习,动作方法(见图 9-4-1)是:

(1)在开球点放置主球,前方不远处放置目标球,向顶案方向击球,路线旁边放几个球作为位置标志,使跟进的距离都能按照自己的意愿实现;

(2)击球时,要运用前臂的力量,同时摇动腕部,在主球与目标球相撞的瞬间,主球将前进的力传递给目标球,目标球开始向前运动,而主球则较为明显地在原地略停一下,然后靠自身保存的上旋转力量,迅速向前跟进,并且前进的距离较长。

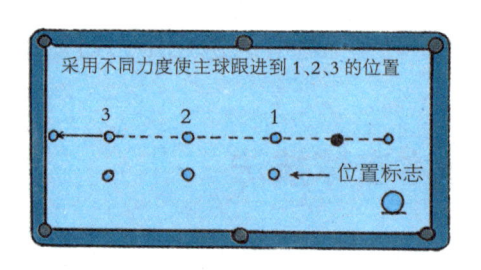

图 9-4-1

二、推进球

推进球常在主球跟进距离不大,且能为下一击创造条件或给对方制造障碍球的情况下使用,要注意用力适中,不宜过重或过

猛，否则会变成跟进球或定位球，动作方法（见图9-4-2）是：

（1）水平持杆，击打主球中心点、中左点、中右点，即采用中杆击球；

（2）击球时，主要靠前臂前后运动并带动腕部，将球杆推出；

（3）主球与目标球相撞后，目标球前进，主球也同时跟在目标球后面，缓缓向同一方向前进，行进一段路程后才慢慢地停住。

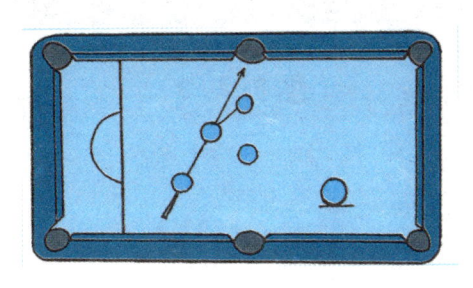

图9-4-2

三、定位球

定位球就是用球杆击打主球的中下部，使主球产生一定的下旋力量，用以抵消自身前进的上旋力量，动作方法（见图9-4-3）是：

（1）当主球距离目标球较近时，击打主球略低于中心的位置即可；

（2）当主球距离目标球较远时，需要击打主球中心以下的位置；

（3）主球和目标球之间的距离加长，击球点必须相应下移。

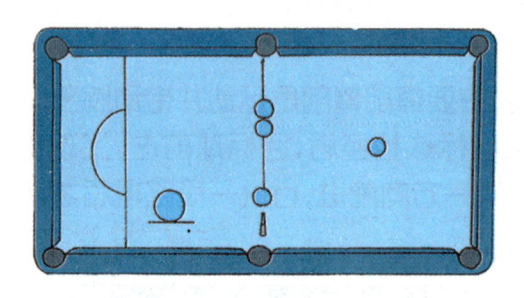

图 9-4-3

四、吃库球

　　吃库球就是用球杆击打主球,使主球撞击案边,反弹后到达一定位置。吃库球随着力度的不同,其反射角也不同。强力撞击时反射角较大,即离案边较远;弱力撞击时反射角较小,即离案边较近(见图 9-4-4)。

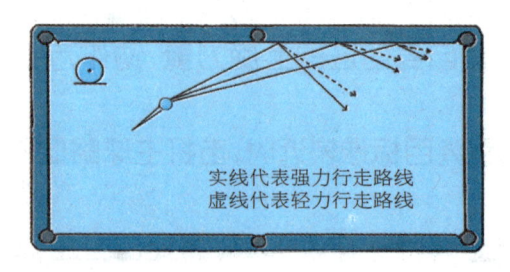

实线代表强力行走路线
虚线代表轻力行走路线

图 9-4-4

五、缩杆球

缩杆球是用球杆击打主球的中下部，使主球产生很强的下旋力量。当主球碰到目标球后，主球略微停顿一下，然后向反方向行进。打好缩杆球有以下 5 个要素：

(1) 使用中等力量击打主球；

(2) 手架要尽量降低，击打主球的中下部；

(3) 球杆平行于台面击球；

(4) 球杆自然地、笔直地跟进；

(5) 杆头要有足够的摩擦力。

下面介绍缩杆球的两种练习方法（见图 9-4-5）：

(1) 把几个球放在与球台长边平行的中央线上，分开放置排成一排，然后用主球从第一个球打起，每打进一个球，要求主球缩回到下一个目标球的后面，如此继续下去；

(2) 将几个球围绕在中袋附近，摆成半圆形，然后用主球从左侧或右侧打起，每打进一个球，要求主球缩回到下一个目标球的后面，如此继续下去。

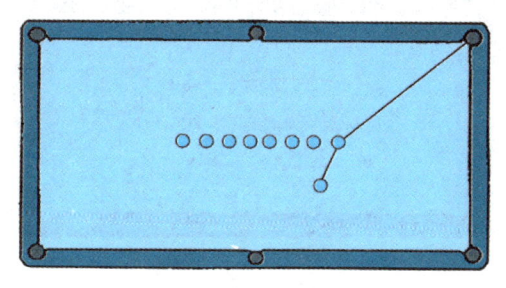

多个球围绕中袋摆成半圆缩击练习

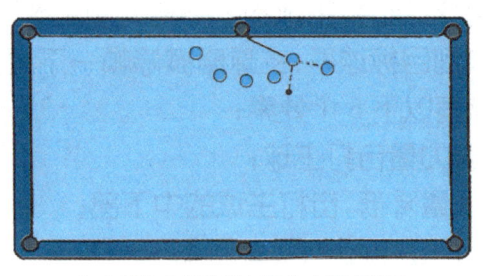

多个球放在长边纵向的中央缩击练习

图 9-4-5

六、侧旋球

侧旋球是球杆击打主球的中左部或中右部，使主球产生侧向旋转力。由于与台面摩擦，因此主球行进路线将呈现有弯曲的弧线（见图9-4-6）。

目标球 障碍球 主球

图 9-4-6

七、对不同击球力度的控制

在击出各种不同的球时,要与不同的力度相结合,才能达到理想的效果。弱击时,使用大拇指和食指握杆;强击时,使用大拇指、中指和无名指握杆。握杆的位置距杆的尾部越近,球杆运动的距离越长,出杆的力量就越大;如果想要力量较小,可以把握杆点前移一些,并将球杆顶部距离主球近一些,然后再出杆。掌握好不同击球力度,对于控制主球和目标球的分离角及走位、制作障碍球和防止主球落袋等,都十分重要。

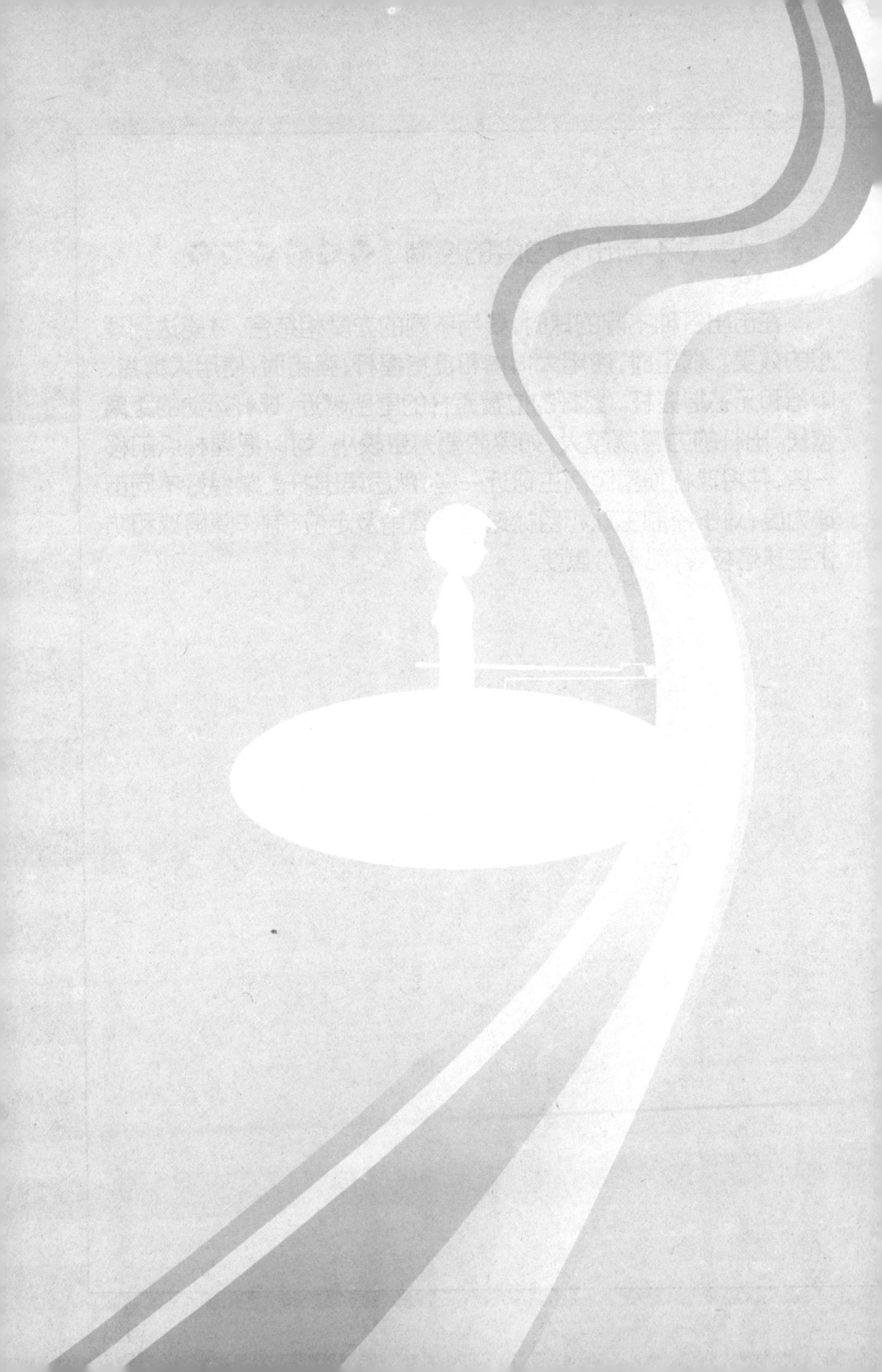

第十章 台球基础战术

要打好台球,除了要具备较高水平的球技外,还要有强烈的战术意识。本章从开球、不给对方得分机会、制造障碍球、解救障碍球、防止犯规和违例等方面来具体介绍台球的常用战术。

第一节 开球

一场比赛的开球是由参赛双方通过掷币或抽签决定的。开球时,应将主球放在开球区(D形区)内任何一点进行击球,原则是防止主球落袋,并且不给对方留下连续得分的机会。本节介绍两种最常用的开球方法。

一、第一种开球方法

这种开球方法(见图10-1-1)是:

(1)首先将主球摆在开球区黄色球和棕色球中间,采用薄球打法,瞄准靠近顶案一边的第一个红色球;

(2)轻力度使主球与红色球相撞后,经顶案与右案反弹回到图中所示位置(虚球)上,造成不利于对方将红色球打入球袋的球势。

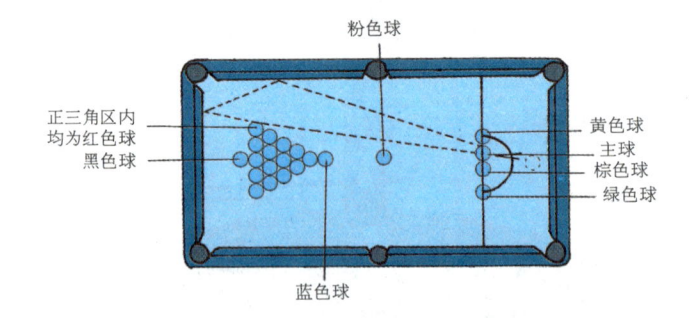

图 10-1-1

二、第二种开球方法

这种开球方法(见图10-1-2)是:

(1)将主球摆在开球区黄色球和棕色球中间,开球时,将球杆对准主球的右侧,使主球撞击三角形顶边的第二个红色球;

(2)主球撞击红色球后,经顶案和右案反弹斜线通过蓝色球附近,再碰左案和底案,停留在开球区内,使对方没有得分的机会。

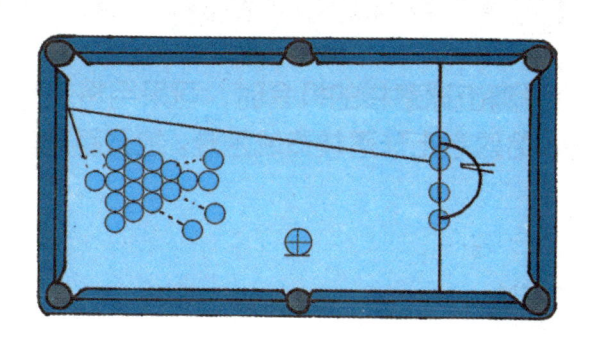

图 10-1-2

第二节 不给对方得分机会

当击球方没有得分机会或者没有把握得分的情况下，一条非常重要的原则就是不给对方留下得分机会。实现这条原则的典型方法有：使主球与目标球拉大距离、使主球贴案、使目标球远离袋口附近等。

一、使主球与目标球拉大距离

当击球方没有击球落袋的机会时，可采用将主球与目标球拉开距离的方法，给对方击球落袋造成困难。拉开距离的方法主要有3种。

(一) 第一种方法

这种方法是用高杆打极薄球（见图10-2-1）。

带数字的球为彩色球

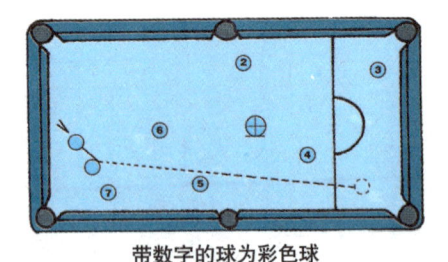

图 10-2-1

（二）第二种方法

这种方法是用中杆或低杆击打主球，撞击目标球的整个球体，使目标球向前移动，主球定在原地或靠自身逆旋后退，使两球拉大距离（见图 10-2-2）。

带数字的球为彩色球

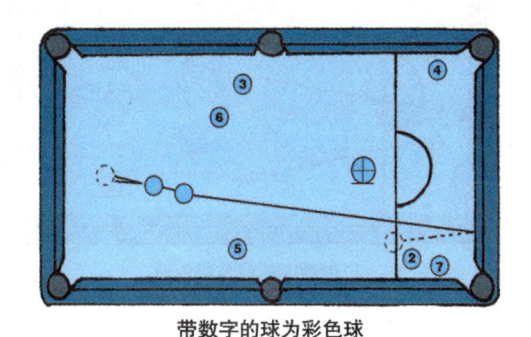

图 10-2-2

（三）第三种方法

这种方法是用大力度的中杆击打主球，撞击目标球整个球体，使其由底案（或顶案）弹回，向对案运动，而主球定在原地或略微前

进,使两球拉开距离(见图10-2-3)。

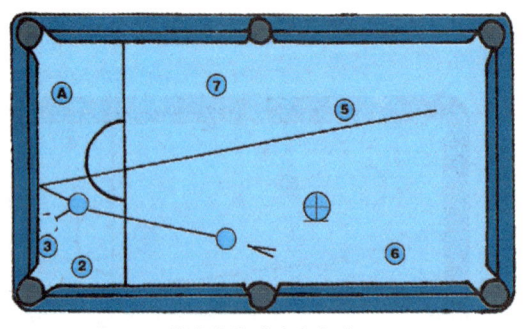

带数字的球为彩色球

图10-2-3

二、使主球贴案

正确的击球姿势是进球得分的必要条件,如果主球贴案,击球者就无法保证正确的击球姿势,这不但会影响瞄球的准确度,而且还容易滑杆,造成击球失误。所以,当击球方没有击球落袋的机会时,可以设法使主球紧贴案边,给对方造成击球困难。

三、使目标球远离袋口附近

机会往往是人为创造的,一个球如果处理不当,很可能给对方创造机会。当目标球是红球或者是按照分值的大小顺序击打彩球时,击球方如果未将其击落袋内,而目标球运动后静止在袋口附近,就给对方提供了连续得分的机会,这种情况应当避免。

第三节 制造障碍球

"斯诺克"的中文意思是"障碍""阻挡",在台球中也就叫障碍球。比赛中,巧妙地制造障碍球往往能转败为胜。因此,制造障碍球是斯诺克台球比赛中的重要战术手段,有时也是决定比赛胜负的关键。制造障碍球的方法很多,最典型的有直线反弹制造障碍、斜线反弹制造障碍、薄球拉开制造障碍、推进贴球制造障碍和低杆后退制造障碍等。

一、直线反弹制造障碍

直线反弹制造障碍是经常采用的、最容易奏效的方法,具体做法(见图10-3-1)是:

当目标球在案端附近时,用大力度直线击球,撞击目标球整体或厚球,使目标球碰案反弹至对案附近。

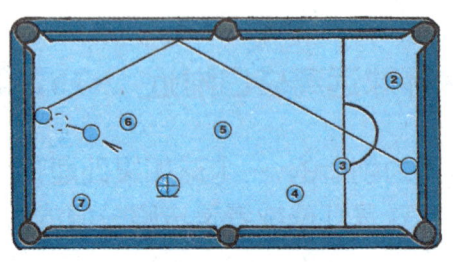

带数字的球为彩色球

图 10-3-1

二、斜线反弹制造障碍

当目标球贴在侧案或其附近时,通常采用斜线反弹球,以达到使主球与目标球分开的目的,具体做法(见图 10-3-2)是:

用左(或右)杆中等力度,撞击目标球左(或右)半部,使目标球经侧案反弹至底袋(或顶袋)附近,主球也经侧案反弹至顶袋(或底袋)附近,主球和目标球以两条斜线向两侧分开,做成障碍球。

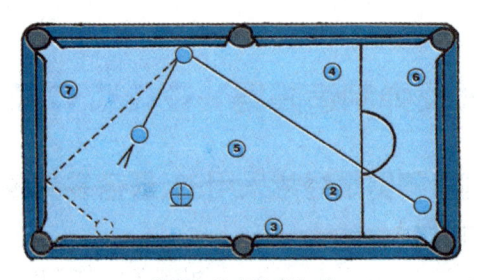

带数字的球为彩色球

图 10-3-2

三、薄球拉开制造障碍

前面介绍过，当主球与目标球距离较近时，多采用高杆打极薄球，使主球与目标球拉开距离，不给对方留下得分机会。同样，采用这种击球方法，也可以做成障碍球。具体做法（见图10-3-3）是：

用高杆极薄球击打红色球，主球运动至底案附近，而此时红色球横移距离很短，主球与红色球之间被棕色球和黑色球阻挡，做成障碍球。

带数字的球为彩色球

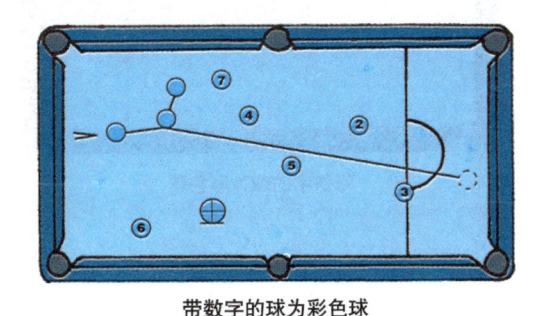

图10-3-3

四、推进贴球制造障碍

推进贴球制造障碍的方法主要有两种。

(一)第一种方法

这种方法是用推进球击球,使目标球向前运动,而将主球推进至前方非活动球的后面,做成死球,使对方无法直接撞击目标球(见图10-3-4)。

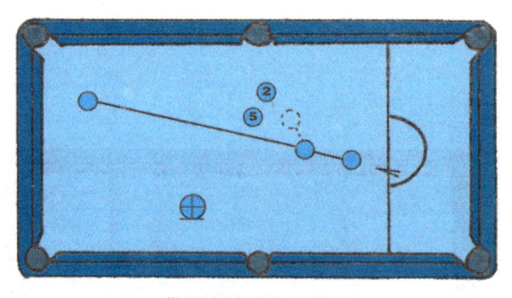

带数字的球为彩色球

图 10-3-4

(二)第二种方法

这种方法常在击落一个红色球而又没有连续得分机会的情况下使用,具体做法(见图10-3-5)是:

指定附近彩球为目标球,但不将其击落,而是轻轻将主球推向它,以能触及为限,紧贴其后,做成死球。

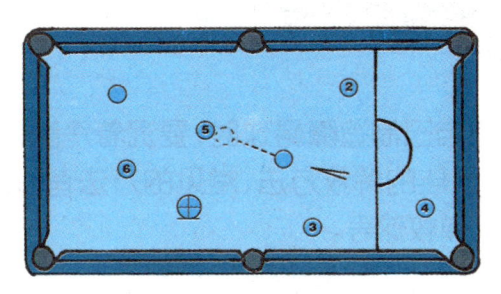

带数字的球为彩色球

图 10-3-5

五、低杆后退制造障碍

低杆后退也是制造障碍球的常用方法，具体做法（见图 10-3-6)是：

用中低杆或右（左）低杆击打主球，当主球与目标球碰撞后，目标球向前运动，而主球靠自身逆旋后退至非活动球后面，做成死球。

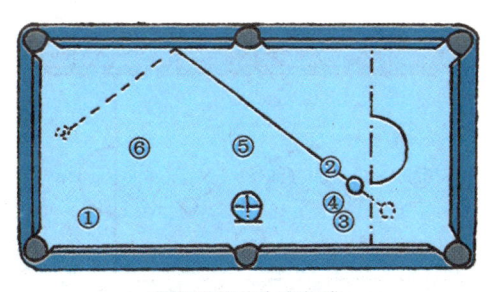

带数字的球为彩色球

图 10-3-6

第四节 解救障碍球

遇到对方给自己制造障碍球时,要沉着冷静,认真分析球势,权衡利弊,选择最佳的解救方法,常见的方法有弧线救球、空案反弹救球和袋角反弹救球等。

一、弧线救球

弧线救球类似足球的"香蕉球",就是将主球击出后,使其沿着一条弧形运动轨迹绕过前方阻挡的非活球,撞击前面的目标球。弧线救球只有在主球距案边不远(因为远了无法下杆),而非活球与目标球之间距离不太近(如果太近,弧线球容易超过目标球)的情况下使用,具体做法是(见图10-4-1)是:

将球杆杆尾抬高,杆头放低,使球杆与台面形成较大的夹角,自上而下,用力斜戳主球的右上方或左上方(从非活球右边绕过则用偏左杆,反之用偏右杆),瞄准点只要错过前方非活球即可。

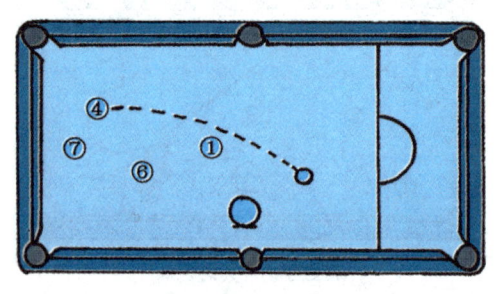

带数字的球为彩色球

图 10-4-1

二、空案反弹救球

空案反弹救球是一种常用的救球方法，目标球距反弹案边越近，主球反弹前后两条运动轨迹夹角越小，救球成功率就越高。在通常情况下，采用空案反弹时，为了使主球保持入射角等于反射角的运动轨迹，应该采用轻力度、中杆或中高杆击球。如果反弹案边的正常瞄准点被非活球阻挡，就要修正瞄准点，用偏杆击球，打出旋转球来补救（见图10-4-2）。

带数字的球为彩色球

图 10-4-2

三、袋角反弹救球

袋角反弹救球是一种非常巧妙的救球方法，分为角袋袋角反弹球和中袋袋角反弹球两种。

(一)角袋袋角反弹球

角袋袋角反弹球是主球、角袋和目标球形成一个直角，瞄视线已被非活球阻挡，并且使用空案反弹球的线路也被非活球阻挡，此时只能用这种方法解救障碍球，具体做法(见图10-4-3)是：

大力撞击主球，使主球先碰撞袋口外角，反弹至内角，被弹出后沿另一案边前进，直至击中目标球。

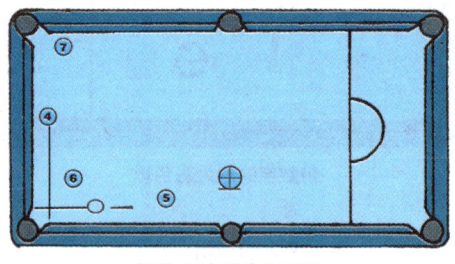

带数字的球为彩色球

图 10-4-3

(二)中袋袋角反弹球

当目标球在中袋袋口附近,被非活球阻挡,并且无法使用空案反弹球解救时,要采用中袋袋角反弹球解救。具体做法(见图10-4-4)是:

观察主球与目标球的位置,从而选择适当的角度和力量来进行击打,此后要用适当的力量和角度撞击主球,使主球经碰撞袋口后反弹出来,主球被弹出后朝向目标球前进,直至击中目标球。

带数字的球为彩色球

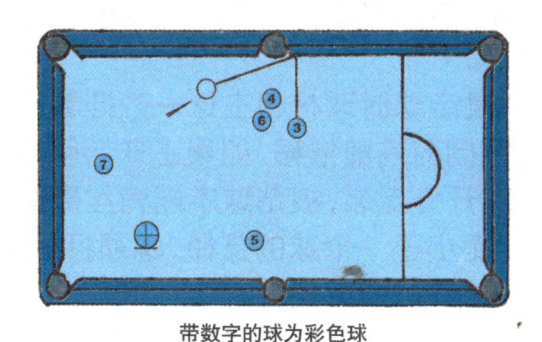

图 10-4-4

第五节 防止犯规和违例

斯诺克台球比赛的规则十分严格,比赛中如果犯规和违例过多,会直接导致比赛失败。所以,如何避免犯规和违例也是重要的战术问题。具体方法包括防止滑杆、推杆与空杆,防止同落与自落,防止同击与误击等。

一、防止滑杆、推杆与空杆

防止滑杆、推杆与空杆的动作方法(见图10-5-1)是:

(1)杆头若太光滑,要用铅或砂纸将球杆皮头打毛,在比赛中,要经常用巧克粉擦抹球杆皮头,这样可以增加摩擦力,防止击球时滑杆;

(2)推杆就是击球时球杆和主球一齐推着被打球,或者杆头与主球相贴面同时向前推移,如果主球与目标球相贴,必须向反方向或90°开外击球,被贴球不能有丝毫移动,否则算犯规,如果两球相距小于一个球的直径,必须打好主球或用扎杆技巧击球,这样才可以避免推杆;

(3)空杆就是没有击中目标球,防止空杆最根本的措施是要瞄准目标球,主球贴边又与目标球相距很远时极易出现空杆,要尤为注意避免。

图 10-5-1

二、防止同落与自落

同落和自落在比赛中时有发生。当用一定的力度、杆法以及薄厚程度击球时，主球与目标球相接后，分离角使主球运动轨迹指向袋口时，就有同落和自落的可能。要避免同落和自落的情况发生，可采用下面3种方法（见图10-5-2）：

(1)改变击球力度；
(2)改变击球薄厚程度；
(3)改变旋转方向。

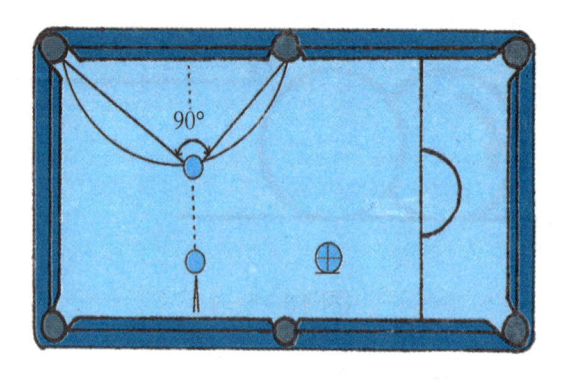

图 10-5-2

三、防止同击与误击

当目标球附近或目标球与主球之间有非活球存在时,击球前一定要仔细观察和判断。当主球将目标球击落袋内时,若同时撞击非活动球,或先击非活动球后,才能击到目标球,则应放弃击打目标球,这样可防止发生同击和误击(见图 10-5-3)。

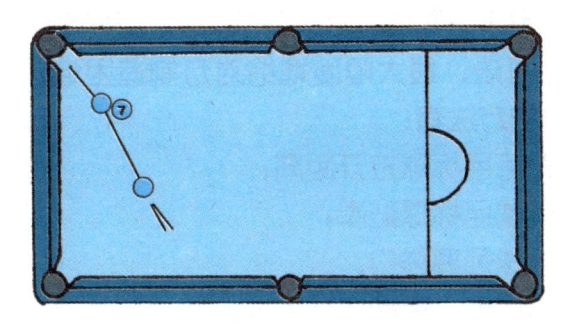

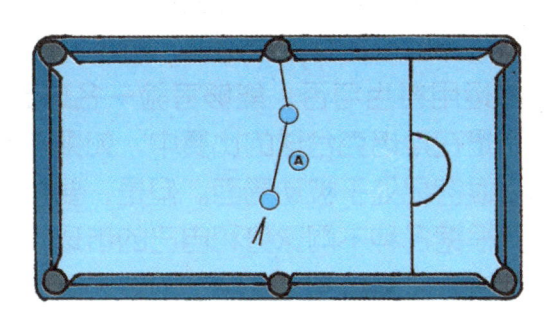

TAIQIU JICHU ZHANSHU

图 10-5-3

第六节 安全战术

安全战术是台球比赛中经常采用的一种防守战术。在实战中，当球势处于不利的情况下，或没有较大把握送入目标球时，为了不给对方留下送球的机会，球员必须迅速作出决定，当机立断地采用安全打法，最大限度地给对方制造困难，以争取主动。安全战术常用的方法有：

(1)将主球与目标球拉开距离；
(2)使主球或目标球贴岸；
(3)使目标球远离袋口；
(4)制造障碍球，造成击球困难。

实际上，安全战术是一种综合的防守战术，必须以球员的丰富经验和技术水平作为基础，包括前面提到的开球战术、不给对方得分机会、制造障碍球、解救障碍球、防止犯规和违例等。

安全战术的运用得当与否，能够考验一名球员的技术水平。在比赛中，特别是在斯诺克台球的比赛中，如果不能掌握并运用安全打法，就会很容易处于被动局面。但是，要打好安全球也并非易事，球员要根据各种不同球势和自己的击球水平，选用适宜的击球技巧与方法，才能达到"安全"的要求。可以说，没有好的防守就没有好的进攻，初学者从一开始就要有这种安全意识。

第十一章 斯诺克台球比赛规则

台球的种类繁多，有斯诺克台球、开伦台球、比力台球和美式台球等。随着我国选手丁俊晖在各级斯诺克台球赛上取得了非常优异的成绩后，斯诺克台球也逐渐被全国人民所熟识。所以，我们很有必要了解斯诺克台球的比赛规则。

第一节 程序

台球比赛并不是任何人都能参加的,这是因为它有参赛程序和参赛办法。而且参加比赛的运动员世界排名不一样,所参加的比赛也不都相同,参加比赛的运动员都要符合相应的参赛条件。

一、参赛办法

(一)赛别

斯诺克台球比赛分为个人赛和团体赛两种。个人赛有对抗赛、淘汰赛、循环赛和让分赛。团体赛有团体对抗赛和团体循环赛。

(二)球名

斯诺克台球比赛使用 15 个红色球,其他颜色球 6 个及主球 1 个,共 22 个。红色球通常称为红球,其他颜色球通常称为色球或彩球,所有的球都需使用白色主球击打入袋。

二、比赛办法

(一)比赛过程

在比赛形式确定后,双方即可开始进行比赛。

每盘比赛前,先由裁判员组织双方运动员掷币或抽签决定开球权,然后将红色球和彩色球按各自的位置摆好。开球运动员将主球摆在开球区内有利的位置,当主球被击出后,比赛就正式开始了。

运动员上场击球必须使主球撞击活球,而"非活球"及本球不许落袋。球台上只要有红色球存在,不论采用直接或间接打法,球员每次上场第一击必须打红色球,任何一方只有先击进一个红色球后,才有权选择击打其他颜色球。第二次击打彩球入袋后,第三击必须再击打一个红色球。第三次击打红色球入袋后,第四击才能选择击打其他颜色球⋯⋯如此往复,只要不失误,运动员可以以一个红色球一个高分彩球的顺序连续击打(每次击进的彩球均取出放回原开球时的球位上,而击进、击出界外的红色球一律不许取出)。当最后一个红色球被击打入袋后,运动员可选择击打一个高分彩球(入袋后取出放回原位)。此后,运动员必须按由小到大的球号顺序依次击打彩球(按 2、3、4、5、6、7 的顺序)。当运动员出现击球顺序错误时,就要判为犯规。当台面上只剩下一个黑色球时,若双方比分差额超过 7 分,黑色球被一方击打入袋,或一方犯规,这局比赛就宣告结束。

如果黑色球被击打入袋或一方犯规后双方比分出现平分时,

就要用争黑色球的方法来决出胜负(争黑色球,就是将黑色球摆在球位点上,由裁判员掷币或抽签决定一方运动员开球,直至黑色球被击打入袋或一方出现犯规,最后决出胜负)。

在斯诺克比赛中,一些世界级运动员一杆(在一个轮次内接连使一系列球入袋)不仅可以将所有的球全部击入袋内,而且每击进一个红色球后,可以再击进一个黑色球,从而创造出最高得分:$15 \times 8 + 2 + 3 + 4 + 5 + 6 + 7 = 147$ 分。但在初学者中,很少有人能打出这样的成绩。因此,对大多数人来说,147分只是一个理论数字。

(二)比赛规则

(1)通常,决定胜负的方法是打完一局后分数多者为胜,如未打完一局,但一方采用制造障碍而得分,虽再加上打完全部台面上的球,也已无法再超过另一方时,也可结束该局;

(2)比赛前先把22个球按规定的位置放好,即使用三角形量器,将15个红球放在前台的定球区处,从定球区的底线上摆起,分为5排,成为等边三角形,黑色球放在三角体的后面,粉红色球放在三角体前端的定位区,把开球区D形的直线分为3等份,3个点上从右到左,分别放上黄色球、棕色球和绿色球,蓝色球放在棕色球与粉红色球的连线中点上的定位区(见图10-1-1);

(3)开球时,主球可放在开球区D字形区域内直线上的任何一点,开球时用主球撞击红球组成的三角体,开球采取轮流开球法,即这一局由甲方开球,下一盘由乙方开球;

(4)开球后如有红球入袋,就可继续击打,如果没有红球入袋,则由对方击球；

（5）每次打入袋中的红球不需取出,击出台外的红球也应放入袋中,而在台面上有红球时,彩球落袋或出台时,必须将其放回开球时的位置,如原来位置被别的球所占据,无法放回时,应放在分数较高的彩球空出的位置，如没有空位时，应放在紧邻原来的位置,如有两个彩球需要放置时,应将彩球尽量放回原位,如原位均被占用,则优先放置高分球,当最后一组红球和彩球进袋后,该彩球取出以后,这时要按彩球的分数顺序,按照由低到高的顺序击打彩球入袋,这时打入袋中的彩球不再取出(不是按照顺序打入袋中的彩球为犯规,必须取出),即先打黄色球,再打绿色球、棕色球、蓝色球和粉红色球,最后为黑色球,若球没有被打入袋中,则由对方接着打；

（6）击球员有权随时要求裁判员对台面上脏污了的球进行清洁,以保证击打的准确性；

（7）当甲方遇到障碍球时,如果击打后,未能碰到目标球,裁判员判为无意识救球时,除去罚分外,这时乙方球员可以有3种选

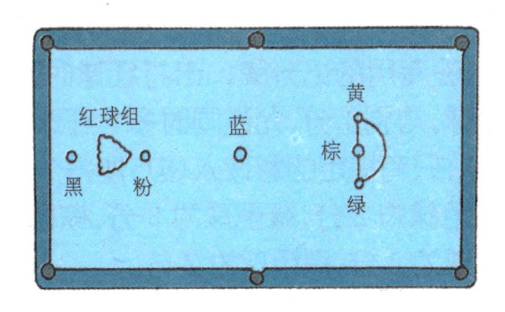

图 10-1-1

择：击打主球、请求对方继续击打和请求裁判员将主球放回原来的位置击打。

第二节 裁判

斯诺克台球比赛比较复杂，有时场上会出现裁判员也很难作出判断的球，但基本的比赛方法是不变的。

一、裁判员

台球比赛的裁判员是由组委会选派的。裁判员要熟悉台球规则、竞赛规程和行为准则中的所有内容，在比赛中要按照比赛要求着装，做到严肃、认真、公正和准确，作风要正派，不徇私情，坚持原则。

二、评分

斯诺克球台附设专用的记分牌，击打红球时无须指定哪个红球，每打入一个红球，得到1分，允许同时多个红球入袋。击打彩球时需指定某个彩球，只有指定的彩球入袋方能得分。6个不同颜色的球分值不同，黄色球为2分，绿色球为3分，棕色球为4分，蓝色球为5分，粉红色球为6分，黑色球为7分。

三、犯规

（1）击红球入袋后，尚未指定球；
（2）使用台内的球以达到一定目的；
（3）连续击打红球或者连续击打彩球；
（4）不使用主球，而使用其他任何一个球做主球；
（5）当选手击打彩球时，如果有两个以上的彩球比较接近，即击打哪个彩球不太明显时，选手未明确叫出要击打的相应彩球。

四、罚则

（1）以上犯规均罚 7 分；
（2）犯规与彩球有关时，按该彩球的分值罚分，但不低于 4 分。
　凡无明确规定者均罚 4 分，一方失误的罚分均作为对方的得分。